通識教育叢書 0200001

# 以體驗學習反思觀點重塑中文系實務課程之教學行動研究

汪淑珍　著

# 摘要

　　本研究旨在研究體驗學習應用於中文系實務課程時，學生的學習表現與成效，並探討教學策略，以發展創新課程設計。本人於教學現場遇到的問題，即是學生創作容易流於紙上談兵，也造成學用落差。如何解決？一般文學系教師解決方式不外業師的加入、協同師資協助，進行創作的紙上演練，然而如此問題仍存在。因為沒有真實對象、真實情境場域，學生無法產生切實感受，沒有臨場感，創作自然實用性不大，學用鴻溝仍無法縮小，無法達到實際的教學成效，學生也無法得到自信與安定感。

　　為改善靜宜大學中國文學系課程侷限於學術上的研究，造成學用落差。本人在靜宜大學中國文學系除基本學術課程開設外，更積極開設奠基於專業知識上，以體驗學習為主軸進行規劃，並透過反思了解其成效之實務課程。如「文案寫作」、「創意企劃與簡報實作」、「文化創意與實務」[1]、「特色服務學習──中文力服務」、「故事行銷寫作」、「活動企劃寫作」等。

　　課程與地方社區、社會企業進行連結，創新教學模式，讓學生將學校所學知識進行積累、深化、轉出，印證專業知識之社會實質效益，達到務實致用，學用合一。也讓學生獲得即時回饋的成就感，以激起其學習動力。若課程能因應時代變遷，與更多領域實際連結，使學生在求學階段有更多真實體驗、反思的經驗，求職量能也將提高。

　　本技術報告將以「體驗學習」為課程設計之學理背景，將「體驗學習」融入中文系實務課程，藉由帶領學生實際踏查及學習創作，增進同學整合抽象知識理論與實踐之能力。以反思作為學習成效的檢核指引，進一步以教學行動研究、詮釋、分析學生學習之成效及代表之意義，以此反思初衷設定之教學目標，並提出省思建議改善之方，進行課程的創新規劃。研究探討體驗學習在中文系實務課程中之重要性，也藉此印證中文實務課程之存在價值，並發展中文教學指引。

　　本研究報告對象為靜宜大學中國文學系學生，以「體驗學習」為理論基礎輔以

---

1　「文化創意與實作」，課程名稱，108學期起更名為「文化創意與實務」。

「知識論」、「體驗經濟」，進行教學行動研究。行動研究是教師透過知、行、思、建構、解構、重思後再建構的循環過程，以創新教育實踐途徑。本研究以本人於靜宜大學中國文學系所開設之二門選修課為研究課程——「文化創意與實務（108-1）」、「文案寫作（109-1）」，循教學行動研究之步驟，進行課程持續循環修正，使課程更趨完善。

「文化創意與實務（108-1）」課程研究，建構一個與社區合作的體驗學習文創課程模組，並以知識管理的理論，進行課程執行成效檢核。探討學生是否藉此學習模式形成其知識系統。驗證文創課與社區體驗結合的創新課程模組，對於學生的學習成效是否具正面意義。以「體驗學習」、「知識論」為理論基礎輔以行動研究。

從教師端的評量與學生端的評量同時進行。專業知識評量方面，針對本課程，創新設計知識論學習評量工具表單。結果可見體驗學習多元場域支援教學現場產生的成效，無論是學生學習興趣與實質產出相較以往單一的教學場域顯得成效卓著。此課程讓學生透過實踐，思考更多人文知識的連結與技能轉用，以驗證學生學習成效。專業認知方面，經由一系列課程的教導，經過結合顯性與隱性的文創知識與相關體驗實踐活動後，學生對於文創知識有所增加，由其文創作品可驗證。

在學習過程中，培養學生人際溝通、團隊合作等未來職場所需之能力，藉此引導學生思索日後職涯方向。實務應用方面，學生完成文創作品，埋下社會創新實踐的種子。情感面，建立學生與社區的人際網絡，也讓學生體會自己對社會能有所貢獻，激發其社會責任感。

「文案寫作（109-1）」課程研究，立基於「體驗學習」並將「體驗經濟」的概念導入「文案寫作」課程設計，探討是否能培養學生的文案力？提升學生對本課程的認知程度，提升其學習動機。本研究課程將「體驗學習」與「體驗經濟」概念導入「文案寫作」課程設計，並設計相對應思考引導工具表單，使學生的思考歷程可見。

更將傳統工藝纏花，加入行銷文案物件設計中。此舉，除讓學生學習如何文圖整合外，也進行傳統技藝的傳承。亦將教室拓展到了社區場域中，培育學生具備協助社區發展的能力，進行了教學創新。從學生的成果來看，文案寫作的品質的確有達到本研究之教學目標。同學們擁有了文案力。由量化評量數據顯示同學們對課程的認知與學習動機也有所提升。

本研究報告針對理論與實務面提出建議，知識管理理論中對於知識轉換的過程，過往並未提出有效的檢核機制與方法，本研究透過自製質性知識論檢核評量

表，將知識管理理論的循環落實。對體驗學習理論則增加了中文系學生特質因素的考量調整後，提出「針對中文系學生改良式體驗學習循環」，並以「體驗學習循環」的四階段「體驗」、「反思」、「延伸思考」、「應用」進行補充與建議。實務方面則提出體驗學習融入中文系實務課程之設計，與傳統課程規劃方式之不同，確實得以提升學生學習動機與對課程之認同度。

　　本研究將助於同在靜宜大學中國文學系任教之教師一個面對同樣教學困境的體驗學習創新課程模組，讓老師們可依循，以改善文史課程教學窘境，突破教學困境。此創新課程研究結果，亦可將其影響擴散至校外文史哲相關課程之教師。藉此，共同改善文史哲相關科系面對之教學問題。

# 自序

　　當我進行課程教學行動研究，我希望歸結出適合靜宜大學中國文學系學生學習的課程模式。畢竟有效的教學方法與模式，學生才能達到學習效果。秉持此理念，積極開設奠基於專業知識上之體驗學習課程，並串聯各式資源。過程中，經由學生量化的學習評量數據、質性的回饋話語與作品具體成果，甚至參加競賽、產學合作、考取證照、自主團隊進行學習，加上連續四年獲教育部「教學實踐研究計畫」申請通過，讓我深感此改變是對的！然而課程的改革，無絕對完善，只有更加完善。

　　黃俊儒老師曾說：「每個大學老師之所以為大學老師，有一個十分不一樣的職責就是─除了教書，他還必須進行學術研究，責無旁貸地追求，知識與思想上的創新，不僅要因應這個多變的世界，更要讓自己能夠日新月新，方能對得起這一份薪水。……在教學的過程，老師或學生，同時扮演給予者及接受者，同樣需要不斷地反省批判與建構。」[1] 林從一老師也說過：「將教學與研究適當地結合便是一個大學教師自我救贖的過程，找回熱情與意義的過程。」[2]

　　2021年 COVID-19疫情的嚴峻，學校啟動全面線上教學，省卻了舟車往返學校的路程時間，使我有更多餘裕時間待在家中。因而想藉此，將在靜宜大學這幾年來進行的教學創新進行整理，對自己教學歷程進行回顧與記錄，希冀藉由一次次的教學驗證與反思，發展出個人教育實務知識論。也透過此研究讓教學價值具體化。畢竟，教師若能將教學過程進行研究，對於提升教學成效絕對有所裨益。

　　轉變必須時間的驗證，其中五味雜陳的心境，不足為外人道。然而看到改變後帶來的成效─同學們肯定自信的眼神、歡欣愉悅的神情、對學習的熱情，一切付出都得到回報了。此正應驗詩人紀伯倫說：「當你快樂地給予，這個快樂就是你的報酬；當你痛苦的給予，這個痛苦就是你的洗禮」。

---

[1] 黃俊儒：〈前言〉，《你想當什麼樣的老師？從科學傳播到經營教研》（新竹：交通大學出版社，2020年6月），頁31-32。

[2] 林從一：〈災難中思索教學研究〉，黃俊儒：《你想當什麼樣的老師？從科學傳播到經營教研》（新竹：交通大學出版社，2020年6月），頁9。

人的價值取決於自己創造了多少價值。在教學過程中最大的收穫，是個人成長，成為一個不一樣的人，擁有更多經驗、能力。我始終相信成功不是將來才有的，而是從決定去做的那一刻起，持續累積而成。在教學過程中，我持續省思、改善，不斷學習，將教學現況轉換為實踐研究，藉由教學行動研究，對自己的教學實務進行反省與檢討，以期在研究過程發現新的問題，繼續修正教學策略，使課程更臻完善。也為靜宜大學中文系帶來不一樣的教學風貌。

我何其有幸在充滿愛與關懷的天主教校風瀰漫的靜宜大學，在此得到多方資源的挹注，使教學的創新不是窒礙難行而是通行無阻。要感謝的人太多了，在此一併致謝，謝謝你們陪我走過教學創新實驗的過程。蘇格拉底說：「教育之道無它，點燃熱情而已。」願處於教育現場的教師們永保教育熱情。

汪淑珍

2022年2月8日

# 目次

# 壹　教學、課程或設計理念

　　教育需要改變，以帶領學生面對未來社會複雜的挑戰，正如《教育大未來：我們需要的關鍵能力》一書提及：

> 教育所扮演的主要角色之一，便是讓未來的工作者和公民做好準備，使他們有能力面對時代所給予他們的挑戰。知識工作在接下來的數十年間，大多數人需要的都會是這類工作，可以由任何人在任一地方執行，只要他具備專業知識、手機、一台手提電腦和網路。但是，想要擁有具有專業知識的工作者，每個國家都要有一個可以培養出這類工作者的教育體系，因此21世紀經濟的生存關鍵，就在於教育。[1]

　　未來的社會情況，絕非我們現在所能夠預料的。未來強調知識的工作，需要有能力疊加在舊有能力以產生新能力。文學科系不能只執著於學術脈絡研究中，學用落差之鴻溝逐日擴大，畢竟大學教育對於社會所需人才具培育之責。

　　教師必須持續不斷研究自己的「教學工作」，藉此進行改善，使教學專業更臻完善。基於這樣的信念，2015年有幸進入靜宜大學中國文學系，審視系上開課與授課情形，驚覺學生在體驗學習與反思部分相當不足，也在學生的課程回饋中印證了我的看法。

　　傳統中文系的課程多為書本上知識的灌輸，專注於學術上的研究，忽略其實質的應用效能。也因此學習方式多以記誦為手段，然此易造成知識理解為碎裂、片段式，無法深入了解，遺忘亦快速，更遑論轉化運用，也因此失去學習成效。「杜威（Dewey）認為教育應以『經驗』為核心，因為經驗的連續性是人們形成態度、判斷的關鍵，個體對於每一個經驗，都會先從過去累積的經驗中取得一些概念，加上當下的體驗與判斷後，付出行動或回應，因此，便有了成長的概念。另外，經驗能

---

1　柏尼・崔林（Bernie Trilling）、查爾斯・費德（Charles Fadel）著；劉曉樺譯：〈第一部　什麼是二十一世紀學習？〉，《教育大未來：我們需要的關鍵能力》（台北：如果出版社，2012年1月），頁41-42。

引發『意圖』，學生的學習必須以意圖為主要驅動力，並且與周遭人際、環境保持互動，依照不同的情境，會形成不同的判斷與學習。這些主張點出了『進步教育』與『傳統教育』之間的主要差異。」[2]正因為傳統教法，過於偏重學術之研究，脫離現實運用，引發學生學習的恐慌與教師授課的無力感。學生對於所學專業如何接合未來，感到惴慄不安，老師則面對「缺乏意圖驅動力」學習動機低弱的學生，教學熱情被澆灌熄滅。面對此教學苦境，必須思索如何改善？

有目的性的文學創作，須經由實際體驗、感受、注入情感、進行思考，統整資訊而後輔以技巧性的脈絡編排。目前許多鄉鎮皆面臨行銷困境，中文系學生的故事力、文創力正可協助，然而學生這些能力卻相當薄弱。

教學須建立教學情境，以確保學生達到學習遷移的功效。本人在靜宜大學中國文學系除基本學術課程開設外，更積極開設奠基於專業知識上之體驗學習課程，如「故事行銷寫作」、「文化創意與實務」、「文案寫作」等。有計畫地將「體驗學習」之學習理論融入課程規劃中，安排有效促進學習的實際體驗。希冀改變教學窘境，讓學生更有興趣學習，老師的教學熱誠也將持續燃燒擴散。若能將體驗學習融入學生課程學習中，學生不僅能增加新的專業知識，也能感受專業知識帶來的改變，對於所學將更具信心，學習動機自然提高，學習成效也就能有所提升。也藉此研究分析體驗學習在中文系課程中，對於學生學習所產生的成效。

學習是從各方面得到知識，獲取新知，再經由實作過程中不斷修正，而後得到成長與進步。黃俊儒說：「一個嚴謹的課程架構，就像是一個知識觀的呈現，不只能幫助學生掌握後續整體知識的意義，也對老師的研究工作有許多實質的助益……保有這種滾動性修正的可能性，能讓課程可以因應時代的劇烈變遷。」[3]體驗學習著重在學生體驗過程中，教師如何運用有效的教學策略，開啟學生五感、激發其自學動力、促進其反省檢討，以帶來學生的改變，無論是新知識的獲取、態度的轉變、情意的感知、價值觀的提升，此種改變一旦達成，將調整過往知識與經驗，甚至影響學生未來新經驗的建構。

本報告課程帶領學生貼近現實生活，體驗真實對象，整合知識、技能、態度以解決真實社會問題為目標。利用「體驗」，促使中文系學生能將所學進行知識的詮

---

2 吳兆田：〈第十五章　價值觀與倫理〉，《引導反思的第一本書》（第3版）（台北：五南圖書出版公司，2019年6月），頁404。

3 黃俊儒：〈第二章　理論基礎〉，《你想當什麼樣的老師？從科學傳播到經營教研》（新竹：交通大學出版社，2020年6月），頁74。

釋轉化。亦藉此培養學生自主學習的精神，讓學生在課程中所塑造的自學習性、思考模式、書寫表達技巧，能夠成為因應未來產業所需的軟實力。並建構以體驗學習融入課程之模組。且讓課程與課程之間進行連結，使學生的學習自然形成有脈絡的逐步深化，而非蜻蜓點水水式的學習。

　　本研究報告對象為靜宜大學中國文學系學生，以「體驗學習」為理論基礎，輔以「教學行動研究」。教學行動研究是教師透過知、行、思、建構、解構、重思後再建構的循環過程，以創新教育實踐途徑。本研究以本人在靜宜大學中文系所開設二門通過「教育部教學實踐研究計畫」之選修課程為研究課程──「文化創意與實務（108-1）」、「文案寫作（109-1）」為例，以下進行教學課程設計理念之說明：

## 一　教學現場──學生憂慮與困境

　　「杜威認為成人所累積的知識、經驗，以及所發展的教育題材，不足以幫助學生面對未來，杜威主張應該教育學生專注當下，從『經驗』中反思學習，面對未來的挑戰。」[4]脫離現實，是一般大眾對於中文系既定之刻板印象。也因此造成中文系學生對於所學充滿茫然不安定感，擔憂於大學四年所學之中文系專業知識，將來在社會上如何運用？是否可用？

　　在教育現場看到文學系學生的憂慮。擔心學無可用，害怕四年畢業後毫無競爭優勢、成為就業弱勢、文學無法立即展現產值。正因為對於未來充滿茫然與恐懼，因此對課程的認知與學習動機不足。學習過程中，若無真實情境與體驗，缺少實際對象／場域的連結與知識的轉譯，創作思維與走向，自然容易馳騁在想像國度中，符合現實需求可用之應用中文創作將不易產出。

　　時代愈進步、資訊愈快速、數位愈興盛，具情感溫度的文字就愈重要。畢竟客觀數據的詮釋，端賴文字的表述，而產生力量，擁有情感。然而中文系的學生卻在資訊時代的洪流中益發惶恐，只因其未見文學真實的力量展現。唯有以真切的體驗學習，讓學生感受思考遷移能力的運用，以排除心中的愁慮。

　　傳統文學系教學方式多侷限於教室課堂，無實際對象、缺少實際場域的體驗感受，知識的統整、轉用能力也不易展現。實則文科思維與商科思維的結合，將使創意落實可行，也將產生令人驚艷的成果。文學的產值實則無可限量，試想一部經典

---

4　同註2，頁404。

名著可流傳千古，衍化為多元創作形式，甚至帶動經濟產值，亦能行銷地方，引領觀光。知識若欲有效轉用，須有明確目標與對象，更須有實際體驗感受，而後才有能力將此感，針對目標對象之需求，以計畫性之步驟完成。若無真實體驗，將無法了解現實需求，亦無法體驗知識運用之力量。

體驗學習乃強調以學生為中心，重視學生的感覺與體悟。體驗學習即是讓學生脫離空談浮論，以真實體驗替代想像，通過自身實踐課程所學知識與概念，進而在此過程中「轉變」──無論是行為改變、知識擴增、能力養成亦或是思維變化，以此不斷建構專屬自己的能力與知識。

體驗學習能提供教學情境的改變，誘發學生自主性學習。「體驗學習不同於以知識為本位的傳統的課堂學習，而是在特定的情境中，通過學生親身體驗和反思內省，通過主客觀環境的交互作用，創造個體知識，並形成積極的情感、態度和價值觀。」[5]知識必須能夠在生活中應運，這也是提倡體驗學習者當初重要的出發點之一。切身體會是文學創作的重要來源，體驗能豐富知識、擴大視野，感受生命溫度。古籍中在在驗證體驗對文學創作之影響，無論杜甫之〈壯遊〉詩中所述或韓愈之於潮州、柳宗元之於永州以經歷之過程化為篇篇佳構。體驗式學習在文學系相關課程上更強調情感體驗，藉由體驗活動，以同理他人之心，感受他人所困、所苦、所痛、所惑、所需，以專業知識創作能裨益他人之應用文學以完成知識驗證、知識深化。

教師有創新教學，才能啟發學生的創造力。本研究相關課程透過與社區場域結合的的體驗活動規劃設計，藉由課程使學生的知識達到統整與連結，師生共同創新知識的運用與擴散，共同解決真實的社會問題。也藉此培養具有整合知識與能力，能處理真實世界問題的跨領域人才。使學生能為社會貢獻一己之力，對自己將更具信心，對未來求職將不再如此惴慄不安。

靜宜大學中國文學系大學部教育目標為：1.提升人文精神素養。2.發揚古典傳統文化。3.陶鑄現代文藝氣息。4.鍛鍊語文表達能力。5.開展中文職場進路。本研究以體驗學習理念之課程設計與規劃，即是呼應本系之教育目標。並針對學生疑慮之處「開展中文職場進路」著力改善。此也符合本校（靜宜大學）校務發展方向──提升「敘事力」及深耕計畫的主軸目標：服務學習（實踐社會關懷與務實連結在地）、跨域學習（培養專業實務與跨域能力）。

---

5　趙軍、劉長勇：〈體驗學習與實踐教學改革〉，《遼寧高職學報》第11卷第6期（2009年7月），頁74。

　　本系期望培養學生的核心能力為：1.中國傳統學術與古典文學之認識與鑑賞能力。2.現代文學與文化之認識與鑑賞能力。3.中文語文閱讀、詮釋與表達能力。4.具備文學傳播與數位化文書編輯能力。在本研究規劃之課程中皆可實踐。

## 二　體驗學習——實踐「文學可用」

　　蔡淇華說：「這世上哪有沒用的科系，沒用，是因為沒有應用，所以沒有用，應用是為了幫助學術，走回學術，絕對不是反學術。」[6]在以功力面向為重的現實社會，如何將中文人面臨的挫折置換為轉折。此需要事實證明，而非言詞的爭論。身為中文系的教師，該如何帶領學生認知中文的無價，與中文的應世運用，這是責無旁貸的責任，「體驗學習」正是解方。

　　「根據美國 Association of Experiential Education（1995）的定義，體驗學習是做中學的學習，是個體透過直接體驗來建構知識、習得技能和強化價值觀的過程。……體驗學習有一個假設：唯有個體和主題建立了關係，認知才能展開。」[7]基於此信念，本人將體驗學習作為課程改造的理念根源。務使學生個體與課程主體建立關係，有所感受以觸動其求知渴望，而後積極主動學習，養成其自學習性。

　　沒有任何學習比體驗更能內化能力。「人本主義心理學家卡爾·羅傑斯認為大多數意義學習是從做中學的，促進學習的最有效的方式之一，是讓學生直接體驗到面臨的實際問題、社會問題、倫理和哲學問題、個人問題和研究的問題等，意義學習與經驗學習是完全一致的。」[8]理論如何轉化為實務，是教師須於課程中教導學生的能力。在課程中，教師可以真實社會問題，帶領學生以其專業知識進行解題。

　　基於「創造知識的方法可以運用先驗知識來選擇合適的方法，接下來基於研究者原有的知識基礎，產生研究議題的知識，這些都是為了要擷取知識，並進行知識系統的創新而進行的建構過程。因此，在策略方面，必須創建／設計合適的研究環境、研究流程，以及系統，提供擷取知識的方法。知識是通過實踐、協作、互動，以及教育過程來創造的。」[9]本研究課程設計高層次思考的教學活動，利用體驗、

---

6　蔡淇華著：〈學習，玩真的〉，《學習，玩真的》（台北：時報文化出版社，2017年4月），頁14。

7　同註2，頁22。

8　馮雯雯：〈體驗學習理論及其對職業教育的啟示〉，《南寧職業技術學院學報》第14卷第2期（2009年），頁53。

9　方偉達：〈人文與社會科學的分析〉，《人文社科研究方法：藝術、人文與社會學科，研究生完全達陣祕技》（台北：五南圖書出版公司，2018年7月），頁97。

實踐的方式，促進學生認知、情意與技能等多方面的學習，持續深化學生專業外，在情感、人際、價值觀等亦能有所提升，也與時俱進地促進學生的跨域能力，達成專業能力之培養，以強化學生畢業後之競爭力。

本人因緣際會加入教育部補助之「大學在地實踐社會責任計畫：建構幸福銀髮生態圈」，忝為協同主持人，於是將課程結合社區相關議題，並與社區進行密切合作，將體驗學習融入課程規劃中，使教學場域由學校延伸至社區，讓學習場域擴大。並以場域真實須解決之問題帶入課室中，讓學生的期末作業成為社區解方，完成社區出題，學生解題。

「文化創意與實務（108-1）」課程創造多元場域的學習環境，除傳統教室更加上社區場域的實際體驗，以及藍染製作、創意相框、詩歌撰作之體驗。每位學生需寫出以武鹿社區相關文化元素融入之詩歌，並搭配型染之作品，完成創意相框之製作。以此協助社區解決牆面美化布置之需求。

「文案寫作（109-1）」課程將「體驗」納入課程設計中，學生於課程中進行社區體驗、實作體驗。每位學生最後須產出二款文案，一則以商品為對象之文案，一則以社區為對象之文案，以此學習任務對應課程目標。以社區為對象之文案產出，將協助社區進行行銷推廣，提高社區能見度。

在此二門課程中，實際體驗、感受是創作獨具風格作品之重要源頭，此亦符合體驗經濟的精神。1999年 Pine 與 Gilmore 在《體驗經濟時代已經來臨》（1998）一書中提到「體驗經濟」的概念，他們把人類經濟發展分成四個階段，第一階段是以農業為主的「農業經濟」，第二階段是以商品為主的「工業經濟」，第三階段是重視服務品質的「服務經濟」，第四階段則是強調使用者體驗的「體驗經濟」。「體驗經濟」，此種經濟型態成為80年代以來，歐美因為全球經濟危機後轉型的經濟類型之一。此型態強調產品與消費者之間的情感連結，此也反映現今社會人們內心所渴求的部分。因此有目的性的應用文學必須將此考量進去。

伯尼・崔林（Bernie Trilling）與查爾斯・費德（Charles Fadel）在《教育大未來——我們需要的關鍵能力》一書中特別說到：「二十一世紀亟需我們具備的一項能力，就是要能夠學習某一知識領域的核心原理和傳統，並將這些內容與其他領域的知識和活動融合，藉以發明、引介新的知識、服務和產品。」[10]學習場域不該僅侷限於教室，更須擴展到真實世界。社區環境與資源，可提供學生多元多樣體驗學

---

10 同註1，頁56。

習的機會。

　　本研究課程提供之社區體驗場域為「台中清水武鹿社區」。武鹿社區隸屬武鹿里，社區中六十五歲以上的老年人口占了14%。該區傳統建築豐富，如武鹿里開基福德祠、竹仔寮土地公、良聖宮及蔡、陳兩家宅邸，更有百年雀榕與百年無患子樹，在地美食多樣，有米粉湯圓、酥捲，「呂宋種」韭黃更是赫赫有名。此區亦有多位學有專精的在地達人，如共餐大廚陳芙蓉、韭菜專家楊瑞昇，民俗知識專家陳昭志與卓清彬等。

　　武鹿社區發展協會，近年積極推動青年返鄉、在地老化，連續多年獲得社區營造大獎，希望打造一個高齡安居、青年樂居的環境。然而要達到此一目標並不容易，社區發展協會江端宗前理事長在致力於社區營造以及高齡友善之外，也不斷地透過各種方式擴展社區的知名度。然而因社區人口老年人居多，對於社區的行銷推廣實感無力進行，此痛點正是學生可協助之施力點。

　　本研究之課程教學設計，即透過與社區人員合作，讓學生面對真實對象與場域，以社區的人文地產景作為創作發想文化元素之來源。如何擷取社區相關的文化元素，而後將其導入創作，使創作展現在地專屬特質，畢竟愈國際則須愈在地。課程引導學生在切身體驗感受之餘，將情感思考進行轉化為行銷相關物件之創作。使學習成為複合多面向之活動，不再僅是單純知識累積，顯現文學可用。

　　劉世雄老師指出：「核心素養的定義是『一個人為適應現在生活及面對未來挑戰，所應具備的知識、能力與態度』。」[11]「核心素養導向的教學之最終目的並非僅是解決問題，而是透過歷程能力與經驗內化培養學生面對問題與挑戰的知能與態度。」[12]本研究課程經由真實社會情境／問題的體驗，融入課程知識的學習設計，使學生能感受所學的真實切用性，也藉此培養相關之核心素養。

## 三　引導反思——參與社會啟發人文關懷

　　教育部2017年推動「大學社會責任實踐計劃」（簡稱 USR 計劃），期待教師能帶領學生實際參與社會，正視社會問題，以課堂協助思索甚至改善真實社會問題，讓學生感受身為社會一份子，能善盡社會責任。

---

11 劉世雄：〈第一章　面對素養導向教學的挑戰〉，《素養導向的教學理論與實務：教材分析、教學與評量設計》（台北：五南圖書出版公司，2021年8月），頁4。

12 同註11，頁7。

　　教育的目的絕不僅限於高談闊論深奧的學問，更期待學生能關心社會，激發對人們、社會的熱情，從而了悟自身生命意義，及對社會的價值所在。靜宜大學自2006年起連續十年獲得教育部教學卓越計畫補助，自106學年度起改為教育部深耕計畫。因應教育部高等教育深耕計畫四大目標，106學年度靜宜大學以建立「BEST」靜宜，使學生「Learn from the BEST」和「Learn to the BEST」為計劃目標。以校務研究為基底，學生學習為主體，透過一個「B基礎立基」打造三個特色學習，包含「E服務學習」（實踐社會關懷與務實連結在地）、「S國際學習」（強化外語能力與國際移動力）及「T跨域學習」（培養專業實務與跨域能力）為整體推動架構。承襲校務研究之理念，本研究課程落實「E服務學習」與「T跨域學習」。藉由本研究課程帶領學生認識、踏查地方，並與地方人士親近接觸訪談，在既有的專業背景下，協助解決地方問題，也藉此提升學生對地方之認同感。

　　興起於美國，配合杜威體驗教育論述而發展的服務學習，70年代於美國校園中蓬勃發展。服務學習即是強調做中學，讓學生在服務的過程得到學習。本研究課程強調真實世界中解決問題的能力，在課程中納入體驗活動、學習，創造學生參與改變社會的行動。讓學生不僅學會專業知識技能，更懂得換位思考、為他人設想，讓學生的專業知識在課程中，即能發揮感受身為社會公民的責任與助人為樂的感受。在體驗過程中，也培養學生宏觀的視野、獨立的思維、自學的能力及現代公民意識，還有人文關懷與批判思考。

　　體驗學習很重要的一環是「反思」。「庫柏（Kolb）（1984）認為，光是體驗不見得會有學習，還需要藉由反思的過程，將新經驗和舊經驗整合起來。透過反思，經驗才能轉化成學習。……反思階段可以是個人內省，讓學習者自己整合新舊經驗，也可以是團體活動，透過討論讓經驗得到意義。」[13]學生知識觀點的產生與改變，是一種學習的過程。必須不斷進行反思，使知識進行流轉、融合、創發。

　　建構主義論者也強調反思的重要性「個體之所以能夠創造出知識，是因為具有從反思中抽象萃取的能力。也就是說，個體會對其感官經驗或感官經驗所激起的心理運思做反思，並從反思中『重新組織』出某種概念或調整原有的概念。」[14]「Von Glasersfeld認為，事物、語言或符號等外在環境本身，並不存在著客觀不變的知識，只有在個體的感官知覺到它們，並主動的加以組織及創造出意義之後，知識才

---

13 同註2，頁24。

14 張新仁等：〈第11章　建構主義學習理論與教學應用〉，《學習與教學新趨勢》（台北：心理出版公司，2019年1月），頁314。

被產生出來。」[15]課程中須將反思融入教學，並定期引領學生進行反思，由其反思論述，了解學生個別性之想法，也藉此檢核學生各方能力是否有所成長。更期待學生在課程所學能與其生命經驗進行連結，進而啟發其未來人生藍圖的規劃方向。

　　普羅大眾既定印象為中文系學生很會寫作，然而實質上針對「寫作」，過往學生大多僅靠靈感與部分書寫技巧，對於思路軌跡如何醞釀成形，無法再次言說與複製。也因此難以倚筆而成，成功經驗也無法複製。造成此種困境的原因乃是教導創作相關課程，只重技術性的教導，缺乏思想性的引領與反思。面對商業社會所需求的應用中文書寫，學生更感無力。因此，課程的設計即希望引領學生利用反思，使日後創作更為容易。也藉由反思了解創作與閱讀之間的關係與後續的擴散思維應用，進而引發學生思考更多人文知識的連結與技能轉用，並啟發大學生之社會責任意識。

　　此研究課程執行過程中，不僅學生須進行「反思」，在教育現場的老師也須不斷「反思」，進行教學行動研究。「實務工作者必須不斷地作記錄與保持登錄，這是行動研究主要活動之一，因此，行動研究者最好保持每天作筆記的習慣，利用日記與行動日誌可以記錄下深思熟慮、軼事資料、行程記錄資料、個人觀點、事實、觀念澄清以及概念分析等寶貴資料。而且記錄所發生事件的日記，是一項記錄原先計畫與實際發生實況記錄的有用方法，可以用來定期地回顧檢視行動歷程與結果。」[16]教師「反思」的目的是為使教學更為完善，本人亦定期撰寫教師日誌以利反思之進行。

---

15　同註14，頁316。
16　蔡清田：〈行動研究的理論與實踐〉，《飛訊》第118期（2011年1月），頁5。

# 貳　學理基礎

　　教育部自1998年公佈「國民教育階段九年一貫課程總綱」後，體驗學習就更受重視。本研究將運用強調學生參與實踐並進行反思的「體驗學習」（Experiential Learning）為教學設計之學理基礎，以「反思」進行評量檢核，並援引改善教師教學現況的「教學行動研究」為本研究之研究方法。

## 一　教學設計──體驗學習

　　著名教育家杜威（John Dewey）在《經驗與教育》（*Experience & Education*）一書中倡導「做中學」之經驗學習理論，強調學習是經由不斷的改造與重組的經驗，達到所謂的「學習」。杜威的經驗理論認為經驗是由連續性與互動性兩種理論交互而成。

　　杜威的「生活即教育」主張，亦提出不單表面知識的提供與教導，也應該創造學習與生活結合的體驗機會。且認為教育者有責任安排引起學生活動興趣的經驗，主張在傳統教育型態中適時融入各種不同的體驗。此理念奠定了體驗學習之基礎。「體驗學習」則在「做中學」的信念上，更強調體驗過程中，積極反思的重要性。庫伯（Kolb）就其進行理論性系統研究。1984年庫伯（Kolb）系統地論述了體驗學習理論，也使此理論成形。「庫伯（1984）整理了勒溫（Lewin）的理論，認為以勒溫的行動研究及實驗法的理論看來，有效的學習與改變必須透過整合的過程，包含處理當下經驗及經驗後的反思、觀察，歸納整合形成結論，再反饋當事人作為下一次行動或決策的依據。」[1]

　　體驗學習乃是強調透過感官教育，啟發學生深刻思考，並感受學習樂趣。「庫伯整理杜威的理論，提到杜威對於學習的觀點與勒溫有相似之處，強調學習是透過實際體驗、概念、觀察與行動彼此交融辯證而產生一種統整的歷程，當下的經驗與

---

[1]　吳兆田：〈第二章　體驗學習基礎理論〉，《引導反思的第一本書》（第3版）（台北：五南圖書出版公司，2019年6月），頁26。

體會給予學員刺激,提供學習的動能,透過學員對經驗的觀察反思,與自己過去的概念進行分析、比較與批判,為經驗指出了一個學習或改變的方向、一個目標,產生認知與行動前的判斷。」[2]「理論不同,體驗學習的模型也會不同……但多數理論都同意體驗學習的循環有四個階段」[3],如圖1體驗學習循環所示。

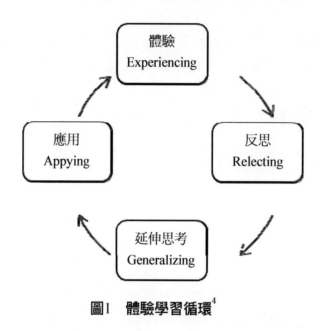

**圖1　體驗學習循環[4]**

圖1中四階段的體驗學習循環過程,也顯示了學習的加深、擴延情況,屬螺旋上升的一個過程。

　　體驗學習強調真實情境中的體驗與感受、過程中與他人的互動,無論是同儕,教師或社會人士,皆能牽引其情感變化,此變化日後將可延伸至生活實踐中。體驗學習理論認為,「學習」乃是結合了體驗、感知、認知、行為甚至加上場域的過程,重視學習的主動性,強調學習不是被動的接受,而是一種主動獲取的歷程。經由親身經歷、操作、體驗,不斷促進自身再行重構建置,無論是心理、情感層面亦或知識層面而後有所改變,其中更強調反思的重要性,是一種持續動態的過程。在體驗學習的過程中,將可看到學習者主觀意識與經驗的交互作用,及其所產生的學習效果。所以庫伯強調學習是一種歷程,不能只重視結果,且每一步驟皆有其重要與必要性,皆須適時規劃與安排。

---

2　同註1,頁28。

3　同註1,頁22。

4　同註1,頁23。

　　庫伯認為，學習的產生是因為經驗的流動轉換，在此過程也產生了新知識，體驗學習即是一個創造知識的過程。「庫伯整理出四種不同的知（Knowledge）：第一，透過具體經驗的直接體會以及觀察反思內在轉化，形成『發散的知（Divergent Knowledge）』；第二，透過形成概念所得到的知識或認知，透過觀察反思的內在轉化，形成『同化的知（Assimilative Knowledge）』；第三，透過形成概念所得到的知識或認知，經由應用概念的外在轉化，形成『聚斂的知（Convergent Knowledge）』；第四，透過具體經驗的直接體會，以及應用概念的外在轉化，形成『適應的知（Accommodative Knowledge）』。」[5]如圖2所示。

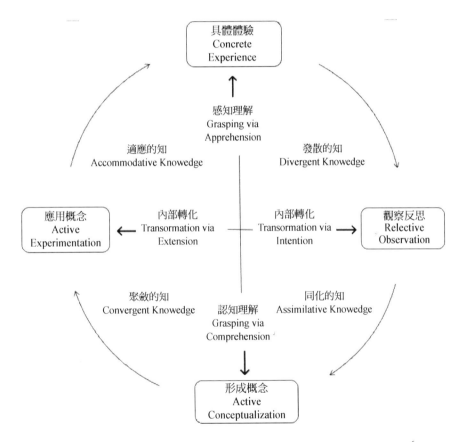

**圖2　庫伯（Kolb）的經驗學習模型，提出四個知的架構[6]**

　　經由體驗的過程，學習者能將經驗與感受內化，日後將可成為下一次學習的背景知識，人生的學習即是如此，一次次累積、一次次前進，而後得到成長。人們的

5　同註1，頁39。

6　同註1，頁40。

學習不外乎以過去擁有的舊經驗為基礎，加以新經驗融合，產出新知識、新經驗。教師若能了解「經驗」的意義，掌握如何利用「經驗」的教學策略，便能協助學生如何以過去經驗協助新知識的產生，達到學習的目的。體驗式學習，係指學習者藉由體驗實作與反思過程增進新知識，建立價值觀，透過各式團隊活動，協助學習者發掘自我價值，並建立與他人溝通協調、團隊互助之能力。

　　體驗學習相關之研究已運用於各個不同領域，如教育、醫療、企業、學校等；各式主題，如大學生社會責任之養成、幼兒園食農教育、生命教育教學實踐、以北海岸生物多樣性為主題進行體驗學習活動之教學及其成效、體驗式品格教育課程，亦有針對不同面向體驗學習之研究，如體驗學習要素研究、體驗學習之環景影像虛擬實境翻轉學習模式對新進護理師輸血安全學習表現的影響、台灣木工體驗學習場域之發展與運作、科教館推動戶外體驗學習之意義、休閒農業經營者推動社區體驗學習之歷程探究、以體驗教育方案為學校本位課程之研究等，無論學位論文研究或期刊發表皆已擁有豐碩研究成果。本研究根據「台灣博碩士論文　知識加值系統」及「期刊文獻資訊網」整理如表1、表2所示。

　　然由研究現況可發現體驗學習之教學策略研究多運用於環境保育、自然生態、生命教育、品格教育等課程，較少運用於中文教學領域，且研究對象為大學生者亦少見，更未見與社區結合之體驗學習課程規劃研究。因此，本研究將具開創性。

## 表1　「體驗學習」相關碩士論文表

| 研究領域 | 論文名稱／作者 | 研究結果 |
|---|---|---|
| 幼兒園食農教育 | 體驗學習運用於幼兒園食農教育之研究——以台東縣種子國小附設幼兒園為例／<br>國立台東大學：李宜真 | 提出食農教育之歷程及其永續策略。 |
| 生命教育教學實踐 | 運用繪本與體驗學習於國小二年級生命教育教學實踐之研究／<br>國立高雄師範大學：李靜芳 | 發現「生命教育繪本教學」配合「參與實作」方式進行，可增進學習動機。經由「生命教育繪本教學」可發現，對「死亡概念」的理解會因宗教信仰的不同，而有差異。 |
| 體驗學習要素 | 農家發展中小學生體驗學習要素之研究／<br>國立台東大學：黃琇琳 | 在農家發展體驗學習要素之評估構面中，以「活動內容」為最重要構面，其次依序為「資源特性」、「環境營造」及「服務項目」。 |

| 研究領域 | 論文名稱／作者 | 研究結果 |
|---|---|---|
| 環景影像虛擬實境翻轉學習模式 | 基於體驗學習之環景影像虛擬實境翻轉學習模式對新進護理師輸血安全學習表現的影響／國立台灣科技大學：黃馨 | 運用基於體驗學習之環境虛擬實境翻轉學習模式，可增強新進護理師學習成就，同時顯著提升新進護理師的後設認知傾向、問題解決傾向與課堂參與度。 |
| 木工體驗學習場域 | 台灣木工體驗學習場域之發展與運作探究／國立台北教育大學：張瑋恩 | 木工藝對於現代人在休閒生活層面的意義，以及木工體驗學習場域所帶來的改變及其附加價值，同時也發現學員對於其學習場域整體運作之需求。 |

表2　「體驗學習」相關期刊論文表

| 研究主題 | 論文名稱／作者 | 出處 | 研究結果 |
|---|---|---|---|
| 大學生社會責任養成之實踐與反思 | 大學生社會責任養成之實踐與反思：以單元式體驗學習融入「國語文能力表達」課程為例／李懿純、紀俊龍 | 《教育理論與實踐學刊》40 2019.12 頁25-45 | 藉由單元式體驗學習融入教學模式之改變及歷程，提升大學生語文學習之成效，並促進反思學習以增能社會責任之養成，亦扭轉傳統語文課程之印象經驗，進而提高學習參與之動機。 |
| 科教館推動戶外體驗學習之意義 | 國立台灣科學教育館推動戶外體驗學習的意義與實例／周鴻騰 | 《科教館學刊》2 2007.09 頁44-73 | 結果發現戶外體驗學習理論與實務結合，施教結果深受3-6年級學生喜愛、戶外活動課程設計可結合科教館教學資源、檢核表可以累積經驗，亦可增進教育行政的效能。 |
| 休閒農業經營者推動社區體驗學習之歷程探究 | 休閒農業經營者推動體驗學習歷程之探究／張菀珍 | 《成人及終身教育學刊》25 2015.12 頁79-115 | 提出休閒農業經營者推動社區體驗學習的歷程及遭遇問題的因應之方。 |
| 以北海岸生物多樣性為主題進行體驗學習活動之教學及其成效 | 探討以北海岸生物多樣性為主題進行體驗學習活動之教學及其成效／吳美麗 | 《國教新知》58:2 2011.06 頁2-13 | 結果可看出參與者對北海岸生物多樣性的物種、海岸環境棲地、海岸生物對環境的適應性，以及探索研究的概念知識之教學成效顯著。 |

| 研究主題 | 論文名稱╱作者 | 出處 | 研究結果 |
|---|---|---|---|
| 以體驗教育方案為學校本位課程之研究 | 以體驗教育方案為學校本位課程之研究——以新北市萬里國民中學為例╱林易潔、楊宗文、陳偉振 | 《中原體育學報》4<br>2014.07<br>頁31-37 | 以新北市萬里國中為個案研究，以文獻分析法介紹萬里國中如何以體驗教育為學校本位課程。 |
| 體驗式品格教育課程 | 體驗式品格教育課程方案應用於課後托育中心之行動研究╱王怡茹、薛銘卿 | 《體驗教育學報》8<br>2014.12<br>頁108-141 | 本研究以體驗學習模式為基礎，以質性方式探討課程於課後托育中心使用之適切性及對參與學童之品格影響。課程實施後，發現此課程方案對參與者六項主題的品格認知、態度與行為有正面影響。 |

## 二 學習成效──反思評量

體驗學習是教育重要方式之一。庫伯認為「反思」是把經驗轉化為個人知識體系的重要階段。「反思」乃是整合思考與行動，而後可促成學習方式，甚至行為改變的方法。反思可促使個體自發性審視自身經驗，深探行動、情緒背後之原因，也可體悟個人觀念、想法之產生原由，經由一次次反思，有利建構新知識、新態度、新思維、新價值觀，這些將促使個人獲致成長與增能。若擁有反思的習慣與態度，便是進步的契機。

「Resnick & Klopfer（1989）認為藉由實際經驗、體會，經由反思所『延伸啟發的知（Generative Knowledge）』才能幫助學習者解釋新經驗、解決問題，以及思考事物的因果邏輯。Knapp 認為學校教育提供的表面知，除非透過實踐、反思、延伸啟發，否則很容易被遺忘。」[7]反思有利於將感受具體化為可評估、分析之數據與文字，使學習者了解自己知識產生的過程，而研究者則易於掌握教學現場真實情況。梁繼權在〈反思在醫學教育的應用〉一文中提及：

---

7　同註1，頁75。

反思實踐是以反思作為專業人員維持專業能力及追求進步的終身學習態度與方式。尚恩認為「行動後反思」與「行動中反思」是專業人員必須具備的能力與行為，而從知識的普遍性到在職場中針對服務對象的個別性應用，正是專業素養的表現。琳達・芬利（Linda Finlay）以五個階段來分析反思的深度，把反思從個人層次推廣到社會與哲學層次，抱持懷疑的態度，探求在組織與社會情境下事物的不明確性與多重性意義。伊利沙伯・莫羅（Elizabeth Morrow）討論影響反思的各種因素，認為反思並非一成不變，而是會隨著時間與所面對的環境改變。[8]

正因為「反思並非一成不變，而是會隨著時間與所面對的環境改變」，因此，在教育現場的教師必須利用有效的方法引導，讓學生專注體驗活動中所帶來的影響。讓學生不僅關注活動內容，也要發展知識理解，畢竟「正確性並非由單一的外在權威決定，而是取決於證據……老師必須協助學生找出證實這些推論的理由及證據，唯有如此，才能有意義的方式來討論、辯論、質疑、推展理論或想法。」[9]使活動不只是累積經驗也增進知識，甚而改變思考方式。在體驗學習中，反思有兩個指向：

> 一個是外向的，對經驗作理解、分析、梳理出知識與意義；另一個是內向的，以「自我察覺」了解自己的想法、感受、認清自己的態度、價值觀與期望，更進一步達成自我成長。在深層學習中，不但知道「怎樣做」，更需要知道「為甚麼要這樣做」及「為甚麼要做」等高階認知。作為一個專業人士與有反省能力的人，還要進一步了解自己如何知道「為甚麼要這樣做」及「為甚麼要做」，這就是所謂「後設認知能力」；要達成上述的能力，反思是基本的途徑。[10]

老師若能協助學生充分進行反思，培養日後提出解釋理論時，能提供有根據的理由之素養與能力，將終身受用。正如張新仁所言：

---

8　梁繼權：〈反思在醫學教育的應用〉，《台灣家庭醫學雜誌》第25卷3期（2015年9月），頁165。

9　榮・理查特（Ron Ritchhart）、馬克・邱奇（Mark Church）、凱琳・莫莉森（Karin Morrison）著；伍晴文譯著：〈深究想法的歷程〉，《讓思考變得可見》（新北市：大家出版社，2019年6月），頁178-179。

10　同註8，頁167。

提供學生反思的機會：從反思中發現自我的問題所在，是個體主動調整其
概念結構的重要機制。提升學生的反思能力及培養學生反思的態度亦是教
學的重點。在實施時，可請學生發表自己的想法、請同儕互相提問，或是
請學生回應來自教師或同儕的質疑等，都是引發學生反思自己想法的可行
方法。此外，讓學生的心中形成「時時反思自我想法」的概念亦相當重
要。當學生的心中存此概念時，在解完問題、設計完實驗或組織好課文大
意之後，不用他人提醒，就會主動反思自己的建構。當能反思自我的想法
時，就有可能主動設法調整自己的概念結構。[11]

「反思」相關之研究如王薇婷：《反思學習介入健康飲食平台對民眾健康飲食
知識、飲食態度、飲食行為與反思程度之影響》、楊琇鈞：《情境感知無所不在學習
環境下，探討影音式反思提問對反思層次之影響》、黃瓊賢：《物質生活觀察與反思
之創作研究》、陳瑞麒：《反思性參與對生態旅遊行為的影響：夜間賞螢活動》、梁
繼權：〈反思在醫學教育的應用〉。

教學上的反思如黃世輝、蘇秀婷：〈從推動社區體驗學習反思社會實踐的可
能：以阿里山鄉來吉部落的設計工作坊為例〉課程中帶領學生進入社區學習，讓抽
象的理論知識有實踐機會，達成社會需求與真實的社會接軌。透過參與式行動研
究，探討推動來吉部落設計工作坊時，各成員的角色任務、互動方式、參與過程。
卓益安、金鈴、邱顯義：〈以教學反思探究一位高中資深數學教師教學用數學知識
的內涵與適應〉、梁佳蓁：〈教學反思與幼兒教師專業成長：以教學日誌為例〉、簡
梅瑩：〈從做中學之「合作學習」概念建構與教學實施：一位國中教師的教學行動
研究〉、張祿純：〈國中體育教師教學反思及教學創新關係之研究〉、王瑞壎：〈教學
實習課程中教學實際突破與省思之行動研究〉。

亦有文本、理念方面之反思如《「潮流之外」：論張愛玲的小說理論及其文本之
現代性反思》、林仁昱：〈論敦煌「征婦」歌辭的設想與反思之情〉、王明珂：〈漢藏
歷史關係的新思考：一個反思性歷史研究〉及《被壓抑的台灣現代性：六〇年代台
灣現代主義小說對現代性的追求與反思》等。這些對於本研究都極具參考價值，然
運用於具商業屬性之寫作且與場域結合之「文案寫作」課程尚未見，因此本研究對
於文學性寫作課程、商業寫作類型課程之精進將具有實質參考意義。

---

11 張新仁等：〈第11章　建構主義學習理論與教學應用〉，《學習與教學新趨勢》（台北：心理出版公
　　司，2019年1月），頁326。

## 三　研究方法──行動研究

　　行動研究是教師透過知、行、思，建構、解構、重思後再建構的循環過程，以創新教育實踐途徑，讓教育現場更加進步活絡的方式。1940年代，勒溫（Kurt Lewin）提出「行動研究」的理念，想藉此改善教學現場教師學術研究理論與教學實務分離的現況。「1970年以後的行動研究，主要在英、澳、美等地區。……在英國，以學校課程改革為主軸發展出教師即行動者的行動研究理念；在美國則以實務工作者為背景發展出實務反省的行動研究思維方法。在澳洲則發展出批判的、解放的行動研究。」[12]彌耳（A.Miel）和庫利（S. Corey），則更積極將行動研究應用於教育領域且極力推廣，惟彌耳著力點在教師教學的改進，庫利則以推廣校際間的合作式行動研究為主。

　　行動研究屬實務工作者對實務工作欲進行改進的回應。藉由過往經驗提出問題，是一種從經驗求知的過程，發現問題而後以實際行動、有效策略進行解決，在此研究期間，也更清楚了解面對的問題及如何解決，自然也獲得知識建構。〈關於教育行動研究的一些迷思〉一文指出：

　　　　教育行動研究一方面有助於建構教育知識，以統整傳統教育理論與實際分離之弊。另一方面則合乎民族主義的原則，並使教師藉著這建構知識的權利獲得應有的專業權威。……行動研究的「實踐模式」藉由對教室內或學校中教育事實與現象的了解，促進對教育實際的改進並獲得專業的成長。例如學校教師從經驗反省與現況探討中重新思考新課程或任何教育理念的實踐問題。[13]

　　「Altricher 等人（1993）指出行動研究主要四個基本階段為──尋得起始點、釐清情境、發展行動策略並付諸行動、公開知識。」[14]行動研究的目的是為了透過實際行動，改進實務問題與改善工作情境。利用資料收集而後進行客觀分析總結出結果。「行動研究是教師共同合作一起評鑑自己的教學實務，共同提升對個人理論

12　鄭增財：〈序〉，《行動研究原理與實務》（台北：五南圖書出版公司，2006年6月），頁8。

13　陳惠邦、李麗霞：〈關於教育行動研究的一些迷思〉《行行重行行：協同行動研究》（台北：師大書苑出版社，2002年10月），頁287。

14　王瑞壎：〈教學實習課程中教學實際突破與省思之行動研究〉，《國立嘉義大學國民教育研究所國民教育研究學報》第16期（2006年），頁6。

的認知，釐清價值分享的概念，試驗新的策略，使得教學實務與教育理念更為一致，然後以一種其他教師可以理解的方式，將整個研究過程記錄下來，並進而發展出一個可以分享的實務教學研究理論。」[15]「教師透過行動研究，發展課程教材與教學方法，並將課程發展與課程評鑑整合為課程的研究模式。」[16]行動研究具有實踐導向、協同合作及反省思考等特徵。教師以教學行動研究檢視課程設計與相對應之檢核方案是否恰當，也以此找出課程規劃不足之處，朝設定之教學理想狀況進行教學實踐與反思，並將研究結果提供給未來相關研究或執行者建議。

　　教學行動研究是教師發展並改善「教學專業」的有效方法。教學行動研究有助於教師檢視教學方案，發展課程教材、教學方法並增進教學成效，利於課程之改善，已運用於多種課程研究上，並開展不同研究。根據「台灣博碩士論文　知識加值系統」及「期刊文獻資訊網」整理如表3、表4所示，無論是針對不同對象如幼兒、高中職生、國中生、大學生、幼教產業或學習能力，如：社區文化生活地圖繪製的促進；態度如：正向情緒取向、尊重新移民女性等；議題如：性別議題融入、對中學教師專業成長態度；教材融入如：原住民傳統樂器融入自然與生活科技領域、資訊融入國文科、線上遊戲融入國中英語字彙學習、網路媒體輔助「新聞英文」、鄉土文化素材融入新詩創作等。

### 表3　「教學行動研究」相關碩士論文表

| 研究領域 | 論文名稱／作者 | 研究結果 |
| --- | --- | --- |
| 幼兒口語能力 | 運用繪本進行分享閱讀提升幼兒口語能力之教學行動研究／<br>台北市立大學：楊淑美 | 探討繪本分享閱讀課程，對研究對象之語言理解與語言表達能力之影響，並反思教師專業技能之運用與成長。發現運用繪本進行分享閱讀之課程發展與教學策略，如重複朗讀與行為增強策略，有助於討論活動的進行。自製之繪本大書無法發揮其價值。<br>教學後幼兒之口語能力表現方面，教學後能改善幼童學習語文之態度和提升其口語能力。研究對象之語言理解測驗分數都有所提高，但仍需加強其多元的語文背景知識，以豐富他們的語言表達內涵。 |

---

15　同註12，頁179。

16　同註12，頁21。

| 研究領域 | 論文名稱／作者 | 研究結果 |
|---|---|---|
| 高職生社區文化生活地圖繪製課程 | 高職生社區文化生活地圖繪製之教學行動研究／國立彰化師範大學：王雅文 | 了解課程對高職學生認識與觀察社區環境的能力、對社區文化的情感與價值觀，以及參與環境問題的能力等，社區文化學習上的改變為何，提出有助於將來執行社區文化地圖之課程較完善以及有效學習的規劃方針。 |
| 融合認知與情感的美術教學 | 朝向融合認知與情感的美術教學：一個國中美術老師的教學行動研究／佛光大學：徐致德 | 重新審視各個時期的作法之後，決定回到以創作體驗為核心，並以學思達教學法為架構，帶領學習者先感受後創造，最後始對作品進行鑑賞分析的認知教學。 |
| 生命教育教學 | 迎向生命的陽光──正向情緒取向之生命教育教學行動研究／國立高雄師範大學：柯惠雯 | 發現兼具目標與歷程導向的課程發展，較能符合行動研究精神；教學方案取材多元化，較能貼近學生生活，符合需求。行動研究工程浩大，易擠壓補救教學時間；學生情意的評鑑易受當時情緒影響。親師生三方皆肯定教學成效顯著，學生進步良多，且女生優於男生。 |
| 學習尊重新移民女性 | 學習尊重新移民女性之教學行動研究／國立高雄師範大學：黃玄齡 | 旨在透過行動研究，引導學生學習尊重新移民女性，並探討此教學對學生的影響，以及教師對教學的省思與收穫。 |
| 性別議題融入 | 性別議題融入百老匯音樂劇的教學行動研究／國立東華大學：高正賢 | 性別議題融入於「百老匯音樂劇」賞析課程方案之行動教學，有助於提升學生性別上的自我認同、性別意識與培養學生尊重多元性別之能力。建議未來研究者可以建構更多適合融入音樂劇教學之性別議題教材，提高實施的可行性，並且可以應用在不同領域。 |
| 原住民傳統樂器融入自然與生活科技領域 | 原住民傳統樂器融入自然與生活科技領域：以「聲音」單元為例之教學行動研究／國立台北教育大學：曾奎元 | 實施「原住民傳統樂器融入聲音教學」之後，原住民學童的聲音概念包括「聲音的產生」、「聲音的傳播」、「聲音的特性」與「樂器的聲音」都有進步，對於「科學的態度」也更積極，而原住民家長的反應也良好並且支持。 |
| 資訊融入國文科 | 資訊融入國文科教學行動研究／國立彰化師範大學：張婉玲 | 以資訊科技作為學習工具，對同學的學習效果與提高學習興趣有極大的幫助。 |

| 研究領域 | 論文名稱／作者 | 研究結果 |
|---|---|---|
| 以線上遊戲帶動台灣國中生的英語字彙學習 | 以線上遊戲帶動台灣國中生的英語字彙學習：聚焦於字彙學習經驗與策略的教學行動研究／國立政治大學：黃家真 | 透過玩線上遊戲學習單字並搭配小組報告，不僅課堂上可實施於這些學生，也確實能提升學生們的字彙量。研究結果建議教師可把線上遊戲融入課室英文中，此方式在增加學習單字的樂趣，與提供學生新的學習情境都有幫助。教師可自行發展新的指導方式或新的課程搭配活動，以提升語言學習的效率。 |

表4 「教學行動研究」相關期刊論文表

| 研究主題 | 論文名稱／作者 | 出處 | 研究結果 |
|---|---|---|---|
| 高等教育職能融入教學行動研究 | 高等教育職能融入教學行動研究——以心理系課程為例／鄭夙珍、鄭瀛川 | 《課程與教學》17:1 2014.01 頁31-60 | 不少學者與調查已指出大學生就業需具備的共通職能，然而如何在大學教育中落實為課程的一環仍在初期的探究階段。本研究建構於一般課程中實施之職能教學融入模式，並發展抗壓力、團隊合作兩項職能之教學融入教案。 |
| 哲學教學 | 哲學教學的行動化轉向——一個通識美學課程規劃的反思性實踐／林文琪 | 《全人教育學報》5 2009.06 頁115-146 | 在通識教育中從事哲學教學所遇到的困境，試圖脫離困境的各種教學試驗及自我檢討。 |
| 網路媒體輔助「新聞英文」 | 網路媒體輔助「新聞英文」教學行動研究／蔡素薰 | 《視聽教育雙月刊》46:6=276 2005.06 頁17-36 | 教學過程以行動研究進行，教學結束後施以問卷、筆試，發現與前一年採用傳統教學班級比較，發現學生閱讀英文報紙、收聽英文新聞廣播、收看英文電視新聞能力及動機均有增加。 |
| 教學行動研究對中學教師專業成長態度影響 | 教學行動研究及其對中學教師專業成長態度影響之研究／張德銳、丁一顧 | 《課程與教學》12:1 2009.01 頁157-181 | 旨在了解教學行動研究的實施，對中學教師專業成長態度之影響情形。研究結果發現：實驗組在「角色期待」及「整體教師專業成長態度」上，比控制組有顯著正向改變，而訪談結果也與量化研究的結果吻合。 |

| 研究主題 | 論文名稱／作者 | 出處 | 研究結果 |
|---|---|---|---|
| 鄉土文化素材融入新詩創作 | 鄉土文化素材融入新詩創作之致能教學行動研究——以平溪國中為例／陳新轉、陳偉秋、楊芳偉、林中凱、韓詩瑤、吳友竹 | 《國教學報》19 2007.12 頁253-275 | 本研究應用鄉土文化素材發展課程內容，以「致能教學」觀念設計教學活動，教導八年級學生進行新詩創作。研究發現「致能教學」結合知識、方法與教學熱情，能有效提升學生應用鄉土素材進行新詩創作能力；短期的教學可以使學生了解新詩的概念與寫作技巧，但是文句精緻化仍需教師的協助；鄉土教育需要教師的情感投入以激勵學生的學習機。新詩創作必須給予自由創作的空間。 |
| 幼教產業 | 找尋幼教就業新藍海：帶領學生探索幼教產業之教學行動研究／周育如 | 《新竹教育大學教育學報》31:2 2014.12 頁1-32 | 本研究以北部某國立大學幼教系連續三屆修習「幼教產業探索」課程的學生為對象，進行教學行動研究，探討帶領幼教系學生探索產業之課程轉變歷程。研究結果發現，欲有效帶領學生探索幼教產業，須根據系課程架構、學生期待及業界需求選定目標產業，以多元的方式安排課程、加入生涯價值的澄清，並依學生反應及業界回饋調整課程。 |
| 通識文學課程的情感教育 | 家庭結構變遷下融入通識文學課程的情感教育研究／蔡玫姿 | 《高醫通識教育學報》9 2014.12 頁1-24 | 本文採取教學行動研究觀點，透過通識國文「現代小說」課程，思考家庭結構變遷下，單親家庭經營情感的方式。發現課程裡小說閱讀的同情共感作用，書寫活動都具有修補心靈的功效。 |
| 閱讀與科技結合 | 文學閱讀教學的新策略——線上讀書會之學習成效分析／鄭瓊月、黃寶珊 | 《人文與社會學報》3:3 2014.05 頁137-172 | 藉由閱讀與科技的結合，以探討網路學習管理如何影響大學文學閱讀的學習型態。 |

行動研究相關的專書，如黃光雄，蔡清田：《課程設計：理論與實際》、黃光雄，簡茂發主編：《教育研究法》、黃光雄，楊龍立主編：《課程發展與設計：理念與實作》、基伯勒（Robert J. Kibler）等原著；黃光雄編譯：《教學目標與評鑑》、黃光雄主編：《教學原理》、Geoffrey E. Mills 原著；蔡美華譯：《行動研究法》、Jean McNiff, Jack Whitehead 著；朱仲謀譯：《行動研究：原理與實作》等。對於「行動研究」之理論、執行方式、檢核資料、如何蒐集、如何進行成效分析都有詳細說明，這些書籍將是本研究參考的資料來源。

由現行文獻中，可發現針對人文學科的行動研究，少以大學中文系為研究對象，亦較缺乏與實際場域進行連結，更遑論帶學生離開教室進行移地教學，跨領域思考，因此人文學科難以脫離「無用」之既定印象。本研究報告將突破現有教學框架，提出創新教學模式，發展出新教學方法，而後進行分析，進行成效性評估，以便提出新創課程模組，此將具建設性參考。

# 參　主題內容及方法技巧

　　本研究為教學行動研究，利用體驗學習融入中文系所開設之課程，以系統化、脈絡化之課程設計，提升學生學習成效，也藉此創建體驗學習融入之創新教學模組。體驗學習循環四階段在本技術報告相關課程之規劃上，如圖1所示

**體驗**
場域踏查、社區人員
訪談　、動手實作

**反思**
反思書寫、問卷表述
教師日誌、　TA觀察記錄

**延伸思考**
學習總檢討

**應用**
作品產出並思考未來將進行
的方式與改進之方

**圖1　本研究課程體驗學習循環圖**

　　知識是能力的基礎，同學若沒有具備先備知識、核心知識，學習能力難以形塑。帶著對社區與該門課程的專業知識進入社區，踏查過程進行知識的轉換與擴增。本課程讓學生在真實情境中進行體驗，讓學生在體驗中建構知識。課程進行之步驟為知識奠基→體驗感受→觀察反思→記錄→表達→檢討反思→產出成果。

　　本研究課程將體驗學習的理念融入課程中，每個階段時間規劃將進行妥適安排，知識進行疊加串聯，在課程的教導中，也讓學生充分了解為何體驗及體驗的目的。體驗學習著重過程的反思與引導策略，以激發學習者自發性的體悟，因此在課程運作上也適時安排反思與觀察，更設計多樣性工具表單以進行引導。

　　課程目標不僅對於該學科專業領域知識有所增加，更須實際體驗並產出具體作品，以驗證「應用」之能力。課程中，有理論、有創作，安排多元教學活動——教師課堂教學、課堂討論、校外教學（社區踏查）、採訪活動、專業領域業師進行工坊密集式教導、期末成果報告等。在進行體驗活動前，專業知識的傳輸與教導定不可少，如此學生進行體驗時，才知為何要體驗？要體驗什麼？帶著充分完善的先備知識進入體驗活動，方能產生成效。

　　若與地方連結之體驗課程，將安排前幾週除課程專業知識外，更增加對社區認識的課程規劃，如邀社區人員進入校園進行訪談、分享、提供文史資料、相關報導、影片等，或由學生自學，而後在課堂進行分享討論，以加深對社區的認識。讓課程與社區產生對接，不會讓學生覺得課程為何要進入社區，為何要體驗？

　　本技術報告課程，以武鹿社區為真實場域，提供直觀的情境，無論是環境還是社區志工的親身接觸、訪談，讓學生運用所學知識進行思考、聯想而後創作。在解決問題的過程中，也深刻體驗知識該如何擷取、統整、運用、反思。藉此，在實踐中基奠專業知識，提高實踐運用能力和技能。

　　改變學生知識所運用的方法，可分為顯性與隱性兩種方法，顯性是指透過課程教材、教學策略、教學方法等運用於教學過程，而隱性方法是指透過情境設計、活動規劃、言談舉止、同學合作、分享討論、問題引導等方式以改變學生的知識觀點。「隱性知識（tacit knowledge），又稱『默會知識』，只可意會不可言傳，而對於顯性知識（explicit knowledge）來說，意味著關係各種不同的文字、語音、視覺圖像的開放系統，可以用書面文字，圖表以及數學公式加以表述。知識整合，需要提供教育課程，但最重要的是，需要通過人與人之間的互動，以實驗方法和過程，創造新的知識。」[1]爰此，本研究課程同時運用顯性加隱性兩種方法以提升學生學習動機與成效。具體教學策略，除傳統之講述法、問答法、討論式教學法、合作學習法、影片欣賞、學生上台報告等外，更安排實際踏查武鹿社區、採訪相關人員，亦有課程文字產出和創意設計之成品製作。

　　「庫伯的理論非常強調知的累積，在庫伯的論述中，知識有許多不同的面向，不宜直接等同於文字符號的知識。……透過經驗學習的歷程，才能從知道表面知識，了解知識的意涵及其意義與影響，到實際體會事件過程，並願意承擔判斷、行

---

1 方偉達著：〈人文與社會科學的分析〉，《人文社科研究方法：藝術、人文與社會學科，研究生完全達陣祕技》（台北：五南圖書出版公司，2018年7月），頁97。

動後的結果。」[2]劉世雄也指出，「核心概念、技巧或主題通常適用直接教學策略，運用教具、媒體等呈現事實示例，以及把概念的細節講述清楚、技巧的步驟示範明白，得以讓學生理解與操作即可；而為了培養學生在現在或未來生活中面對問題時，能自我思考解決問題的方法，屬於兩個或以上核心知能之關聯的策略性知識，宜採用間接教學策略，亦即提供學生思考與發現知識的機會，以培養遇到問題會自我探究的學習態度。」[3]體驗活動正是「提供學生思考與發現知識的機會」的好方式之一。因此在課程中，皆安排體驗活動之規劃，此也呼應美國學著愛德格・戴爾提出的「學習金字塔理論」研究結果：

> 在初次學習兩個星期後記住的內容：閱讀10%、聽講20%、圖片30%，影像、展覽、示範、現場觀摩50%，參與討論、提問、發言70%；做報告、教學模擬、體驗實際操作90%。透過多感官運用的學習模式，將達到高效能學習成果，除了理解和記憶知識之外，還可以培養能力、發揮創意、甚至激發生命潛能。[4]

可見「現場觀摩50%、體驗實際操作90%」對於學生學習的成效是高的。以下依據本技術報告之二門課程逐一進行說明主題內容與方法技巧。

# 一　文化創意與實務（108-1）

## （一）主題內容

### 1　教學目標

文化代表一個國家的經驗累積，以文化結合創意，開發為產業，將為國家帶來無限商機，因此，世界各國不斷推廣「文化創意產業」。我國對於各式「文化創意產業」計畫持續推廣、進行，各界對文化創意產業人才更是求之若渴。

---

2　吳兆田：〈第二章　體驗學習基礎理論〉，《引導反思的第一本書》（第3版）（台北：五南圖書出版公司，2019年6月），頁35。

3　劉世雄：〈第五章　理解教學方法的學理基礎〉，《素養導向的教學理論與實務：教材分析、教學與評量設計》（台北：五南圖書出版公司，2021年8月），頁105。

4　黃夏成著：〈第一部　培養孩子主動進食心智食物的能力〉，《自學時代：找回學習的動機與主權，成為自己和孩子的最佳教練》（台北：圓神出版社，2016年8月），頁86。

本課程將充實同學們對於台灣「文化創意產業」相關知識，並帶領同學實際製作文創相關物件。藉此課程，培養學生文創加值應用能力，並啟發其個人創造性思維，以增強學生未來競爭能力。此次課程，將納入真實體驗活動之規劃，引導學生將真實感受納入文創設計中，以展現獨具個人風格之文創作品。

## 2　教學方法

基於「創造知識的方法可以運用先驗知識來選擇合適的方法，接下來基於研究者原有的知識基礎，產生研究議題的知識，這些都是為了要擷取知識，並進行知識系統的創新而進行的建構過程。因此，在策略方面，必須創建／設計合適的研究環境、研究流程，以及系統，提供擷取知識的方法。知識是通過實踐、協作、互動，以及教育過程來創造的。」[5]本研究將設計高層次思考的教學活動，利用體驗、實踐的方式，促進學生認知、情意與技能等多方面的學習，持續深化學生專業外，在情感、人際、價值觀等亦能有所提升，也與時俱進地促進學生的跨域能力，達成創造、思考及文創能力。並輔以多元教學法，如協同教學、講述法、觀察法、討論教學、小組合作學習、個案討論、問答法、影片欣賞、校外參訪、學生上台報告等。

## 3　教學方法實踐模式

本課程透過多元場域體驗的教學策略，建構並統整知識，以啟發學生創造性思維，培育創意思考能力。課程內容包括體驗活動與理解層面的教學內容，介紹個案印證理論，讓學生經由討論、提問、交流、創作等方式，激盪學生的思考，訓練思辨與創意能力。本課程將由「文化」的認知開始，帶領同學認識「文化」、「創意」、「文化創意產業」。課程中以實際案例說明如何將文化創意與產業結合，並解說各式文創塑造及行銷手法。更以實際多元場域的切身體會，讓學生的文化創意發想可進行實踐。

課程中將教導學生立基於其所擁有之文創知識，而後去尋找並發現、理解社區中可衍化為文創作品的事實，而後進行轉譯。培養學生對於文化創意在製作結合的應用能力，期許學生有機會成為文創業未來的生力軍。可參表1「文化創意與實務（108-1）」課程進度表。本課程之特色為：

---

5　同註1，頁97。

## （1）非線性課程之操作

　　本研究之教學活動與場域實踐緊密連結，打破過往傳統18週線性教學的運作模式。以教學結構的理念，開設主題式課程，並以工坊的方式進行。

　　課程教導，除授課教師外，更加入校外的業師、社區人員，以專業工坊結合業師指導，針對場域需求，進行實務教學與成果製作，進行較為靈活的體驗課程運作。本研究透過教學空間、時間與目標的翻轉，打破定時、定點、定量的授課模式，突破傳統文學系教學模式。

## （2）跨界合作之實踐

　　「跨領域」是拓展與創新人文科學領域必要的路徑，也可擴大人文科學的關聯性和轉用性。本研究帶領同學進行跨界演練，培養未來人才需求的新思維。透過師資、課程、社區、業界四者的實質連結，讓學生除了「創意表現」，更能「創造文創價值」與「有效產出」，達到培養「文創產業」專業人才之目的。藉由課程，啟發學生跨領域學習的興趣。課程中，不僅學生需要透過團隊合作共同發想完成創作，教師也須與社區、業師共同合作。

### 表1 「文化創意與實務（108-1）」課程進度表

| 週次 | 課程主題 | 內容說明 | 備註【場域】 | 行動研究 |
|---|---|---|---|---|
| 1 | 1.認識「文化創意產業」<br>2.了解學習與社區的關聯性<br>3.為何要與社區結合？ | 1.課程簡介與分組，說明課程評分標準<br>2.認識「文創產」定義及「文創產」中的「文化」、「創意」、「產業」<br>3.各國文創簡介<br>4.介紹「武鹿社區」 | 【教室】 | 方案一 |
| 2 | 1.文創案例解析<br>2.創意發想 | 1.創意案例<br>2.創意發想方式、台灣意象、品牌定位<br>3.創意發想（小組討論） | 【教室】 | |
| 3 | 1.社區文創案例解析<br>2.如何採錄社區文創元素<br>3.採訪技巧與演練 | 1.社區文創案例解析<br>2.採錄技巧<br>3.採訪技巧與演練<br>4.小組討論 | 【教室】 | |

| 週次 | 課程主題 | 內容說明 | 備註【場域】 | 行動研究 |
|---|---|---|---|---|
| 4 | 認識社區 | 1.社區場域踏查<br>2.安排社區進行簡報 | 【社區】 | |
| 5<br>6<br>7 | （A）同理心工坊 | 〔知識建構過程一、共同化：藉由社區經驗之分享與學習，達到默會知識之精進／創造的過程。〕<br>■想要改善社區、解決社區的問題，必須先了解社區。此工坊培養學生社會關懷的情感，進而將同理心內化為個人特質。 | 【工坊一 I DO 培力基地】 | 方案二 |
| 8 | 1.採訪社區<br>2.再次體驗社區 | 1.安排社區人員接受採訪<br>2.再次進入社區蒐集文創素材 | 【社區】 | |
| 9<br>10<br>11 | （B）設計思考工坊 | 〔知識建構過程：外化：將個人知識透過不同方式表達出來。運用工坊引導學生由默會知識轉換成外顯知識。〕<br>■透過設計思考方法的學習，有效引領同學銜接現實的需求脈絡，培養學生面對真實世界的創造性思維能力。將運用服務（商品）概念設計圖及顧客旅程地圖等工具輔助。 | 【工坊二 I DO 培力基地】 | |
| 12 | 台灣文創案例解說與分析 | 1.台灣文創的特色、品牌塑造、辨識度及案例分析<br>2.台灣文創現象：視覺藝術、工藝品牌、藝術禮品及案例分析<br>3.將目前遇到的困難提出討論 | 【教室】 | 方案三 |
| 13<br>14<br>15 | （C）知識應用文創設計工坊 | 〔知識建構過程：結合及內化：個人透過各種知識的彙整，共同化、外化與結合後，逐漸內化成個人的默會知識。內化的原動力在於邊做邊學，而後完成文創設計與運用。〕<br>■在此工坊，訓練學生激發創意，讓個人知識結合地方知識轉化為社區文創設計。 | 【工坊三 I DO 培力基地】 | |
| 16 | 美化社區施作 | 將已完成之文創作品進行社區場域完成施作 | 【社區】 | |

| 週次 | 課程主題 | 內容說明 | 備註【場域】 | 行動研究 |
|---|---|---|---|---|
| 17 | 成果展 | 學生、教師、社區人員共同舉行成果展 | 【社區】 | |
| 18 | 1.期末提報<br>2.檢討反思 | 檢核學生是否能將外顯知識轉換成默會的知識 | 【教室】 | |

### （3）文創知識建構與轉用

本課程建構學生文創知識進而實際轉用，安排密集式工坊如下：

### A.同理心工坊

能夠站在別人的立場進行思考，設身處地幫對方思考並協助解決問題。同理心的建立，是一切設計的起點。本工坊帶領學生進入社區、了解社區、體驗社區，同理社區人員對於活動中心牆面布置老舊，希冀擁有新風貌牆面之渴望。想要改善社區、解決社區的問題，必須先了解社區。進行地方問題、需求或困境相關議題探究，藉以提升學生對社區之認同感，及嘗試問題解決的能力、方法與行動。藉此，工坊培養學生同理心及社會關懷的情感。

### B.設計思考工坊

設計思考是一種以人為本，尋找需求，創造全新解決方案的思維模式，有一套完整的方法論。本工坊，將銜接社區需求，透過目標的探索、問題的解讀、創意的發想、原型的製作與測試，以及改良與精進等方法步驟，強化學生務實思考現實需求與解決問題之能力。

### C.知識應用文創設計工坊

此工坊，透過文創產業業師之課程教授，帶領學生如何在知識基礎上激發創意，使個人知識結合地方知識、完成與地方文化元素之文創設計。

## 4　成績考核

此課程屬於社會參與式課程，場域是動態的，學生的學習也將不同於以往單純知識性學習，而是須與場域的人、事、物進行關係的連結與產生。除了專業知識的學習外，更須將專業知識進行實際轉換運用。因此此門課程的評量方式不可僅以昔

日量化客觀指標為限，更須制定適應此動態式課程的質化評量方式，以確切了解教學目標是否達成。

本研究針對學生的學習成效，設定評量方式的起點。在學生學習的過程中，安排各式形成性評量，以掌握學生學習情形，畢竟學習真正的力量發生在形成性評量階段，不是在總結性評量階段。有時候學生在學習的過程中，會以不同的方式展現他們所經驗的技巧和知識。此門課評量方式採歷程性而非單一總結性評量。

傳統的總結性評量，只有一個分數，看不出學生的進步以及進步的程度，本研究將評量轉向實作，及其他可證明內在知識認知變化的證據。此門課將學生課前準備的情形及平日參與討論的投入程度，皆納入成績評量範疇，再加上期末的實作評量。此課程的評量方法多樣，如小組報告、出席率、同儕互評、小組合作狀況、上課參與討論、成品製作、口頭報告、書面報告、心得報告等項。

## （二）方法技巧

### 1 研究設計

本課程研究創造多元場域的體驗學習環境，促使學生與社會有更多連結，真實接觸與體驗，以此探討學生是否藉此學習模式，形成其知識系統及學習成效。

知識行動的建構，是一種系統創新的過程。本研究與學校鄰近的台中清水「武鹿社區發展協會」進行合作。帶領學生體驗、觀察、思考、提案、設計、施作共同將學生在教室內所學的知識，結合社區場域體驗所習得之知識進行文創設計。課程中，不僅讓學生習得文創相關知識，也培養其相關能力，更啟發其關心社會關懷他人之心，藉此培育利他思維之社會公民。

本研究落實學生參與社區，進行文化創意設計實作，從設計擬定至文創設計作品之製作，既能養成學科的基本知識，也能吸收場域的地方知識，而後運用這些知識進行實踐。此訓練課程，將整合知識、技能、態度以解決真實社會問題為目標，建構一個與社區合作的體驗文創課程模組，並以知識管理的理論，進行課程執行成效檢核。

### 2 研究步驟

「知識」需要研究，本研究以知識論為主軸，利用與社區場域結合之體驗創新課程模組，探討學生的個人知識（顯性知識與隱性知識）如何跟場域的地方知識進

行對話？進行結合？顯性知識容易評量學生獲得情形，然隱性知識則較難透過話語描述，因此須借助質性評量工具之協助。本研究將以知識論為研究理論基礎。建立一套評量機制，以強化研究的可靠性，減少課程與社區結合成效的模糊性。

### （1）研究問題／意識

　　本研究建構一個與社區合作的體驗學習文創課程模組，並以知識管理的理論，進行課程執行成效檢核。探討學生是否藉此學習模式形成其知識系統。驗證文創課與社區體驗結合的創新課程模組，對於學生的學習成效是否有正面意義。

### （2）研究對象

　　良好的課程設計，須對學習者有所認識。本研究以靜宜大學中文系三年級的選修課「文化創意與實務」展開進行。中文系學生特質為善於思考、對於文學、文字的理解較一般人來得深刻，在文學理解、文字運用上有一定之能力基礎，且其於大一、大二時須修過語言學概論、文學概論、國學導讀、文字學、詩選及習作、歷代文選及習作、中國文學史、詩選及習作、上古至南北朝之必修課目。部分同學亦會選修中國神怪小說、傳記文學與習作、台灣民俗與文化、志怪小說選讀、兒童文學概論、蘇東坡詩、明代小說、修辭學、現代散文、創意企劃與簡報實作、文案寫作等選修課程。

　　這些先備知識的奠基，使他們對於文學與文化已培養一定之涵養與能力。因此於大三時選修此門課，定能將其中文運用能力，發揮得更好。

### （3）研究方法及工具設計

　　本研究將運用二種研究方法。其一為「行動研究」，藉由行動研究，教師可進行課程的自我反省，更加了解自己課程的策略，以便進行改善，使自己的教學實務更加完善。在本研究中，運用行動研究進行反思檢討。

　　其二為「知識管理」。學生知識觀點的產生與改變，是一種學習的過程。本研究所謂的默會（tacit knowledge）知識是指經由實踐的過程而產生的知識，多為個人體悟感受。外顯知識（explicit knowledge）是可直觀看出，一般皆會列為教學目標，可透過老師的課堂教導。社會的形成即是知識不斷的流轉、融合、創發。無論個人、團隊、地方知識之間的轉化皆相當重要。

　　過去的教學研究結果，多偏向顯性知識的驗證，缺乏對學習心理、同儕評量、

團隊合作等屬於隱性知識的質性評量。呈現的僅是死板的數據，然對於課程的改善建議卻無下文。

本研究將藉由教學行動研究，發展能連結學生學習歷程的課程，運用教學策略，輔以資源與科技，促進學生學習意願，激發學生互動學習，並提供能進行教學評量和回饋、檢視的機制。更以創新知識論質性評核表進行評量，檢核學生的個人專業文創知識是否獲得？地方的社會知識是否獲得？個人知識與地方的社會知識結合情形如何？學習心理狀況、團隊合作情形等。

如果能以質化方式評論學生學習知識的情形，並以課程過程，進行階段性的檢核與修正，會使學生意識到知識的培養，經過一段建構過程將轉化為帶得走的能力。本研究之研究方法及工具設計如表2所示。

## 表2 研究方法及工具設計

| 研究目的 | 研究方法 | 研究對象 | 研究工具 | 步驟與時程 |
|---|---|---|---|---|
| 新創課程模組與文創知識學習成效 | 觀察法 | 修課同學 | 課程觀察記錄表：觀察學生在新課程架構改變學習脈絡與情境的學習情況。 | 針對不同的課程學習模式，如：課室學習、工坊學習、場域實踐等進行學生學習狀況的觀察記錄。 |
| | 問卷調查法 | 修課同學 | 課程問卷：透過問卷，進行包括學習態度、對於學習模式的滿意度、科技接受度、學習系統認知有用性、學習系統認知易用性、課程滿意度、學習效能、心智負荷、心流經驗等意見收集。 | 本計畫預計進行兩次問卷調查：<br>1.前測：預計於課程第三週學生已了解課程未來操作模式後，對課程以及自我學習成效的預期。<br>2.後測：預計於17週，學生對整體課程設計與自我學習效能的評估。 |
| | 訪談法 | 1.修課同學（隨機抽樣）<br>2.合作社區場域相關人員 | 訪談綱要：透過訪談，用以了解學生對於課程設計、學習歷程等意見與看法。 | 1.本計畫預計於各學習單元結束後的一週內，進行學生抽樣訪談。<br>2.於課程結束後的兩週內，完成場域相關合作人員的訪談記錄。 |
| | 1.成果分析<br>2.知識管理 | 修課同學 | 1.RUBRIC 評量指標：設定學習評量指標， | 1.針對不同單元的學習，設計評量指標，用以客觀檢驗學 |

| 研究目的 | 研究方法 | 研究對象 | 研究工具 | 步驟與時程 |
|---|---|---|---|---|
| | | | 檢視學生達成學習成果目標的成效。<br>2.知識論評量表 | 生於課程中的學習成效。<br>2.以自制「知識論質性評量」創新問卷進行檢核學生學習成效。 |
| | 行動研究 | 修課同學與任課教師 | 統整上述成果 | 學習課程結束一週內 |

### （4）資料處理與分析

　　意義的建構是需要透過分析過程的批判性檢核，每個分析步驟都需要被檢定。基於回饋，應該要能延伸或擴大，而不僅僅侷限於簡單的數據呈現，陳述性的說明更為重要。因此，本研究將發展質性評量創新問卷，使回饋資料更具有明確性，具體性及價值性。

### （5）實施程序

　　教師若能進行教學省思，在改善學生學習品質、師生互動關係、教學專業成長、教學效能，將有所提升。教師採用教學行動研究解決教學問題的歷程，包含「研究、行動、觀察與省思等四個循環歷程，亦即檢視教學問題形成一個焦點，並發展教學行動方案，實踐教學活動，蒐集學生各種表現與其他情境資料、分析證據與省思資料，對教學問題的回應，再做出適當的決定。」[6]本研究將採用 Carrier 與 Kemmis（1986）所提出之「計畫、行動、觀察、反省」為主要架構。針對課程規劃細節之行動研究流程，如圖2所示。

---

6　劉世雄：〈教師專業成長的自我知覺〉，《教學實務研究與教研論文寫作》（台北：五南圖書出版公司，2017年12月），頁15。

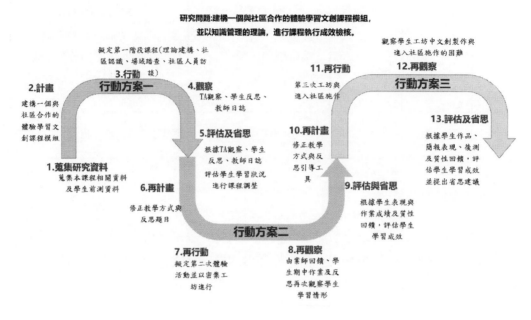

**圖2　研究實施流程**

## 二　文案寫作（109-1）

### （一）主題內容

#### 1　教學目標

　　本研究課程教學目標為培養學生的文案力，提升學生對本課程的認知程度並提升其學習動機。本校（靜宜大學）長期積極推廣閱讀與書寫，並於大一必修課程訂定「閱讀與書寫」課程。然而內化的閱讀知識，如何透過在地連結體驗式的課程設計，得以轉化為外顯知識，產出協助區域在地發展所需之行銷物件，也讓學生感受知識所發揮的實質力量，發揮大學生社會功能，進而認可課程價值。

　　本課程將教導如何撰寫具銷售力量，感動人心的文案。以體驗式教學，拓展學生觀察角度，並導入外部資源。課程中，帶領學生實地走踏武鹿社區，提供支持性的環境，協助學生創意發想寫作靈感，並輔以技術性指導。將閱讀（包括「文字」與「非文字」）知識，轉化為武鹿社區社群粉專經營所需行銷物件，讓「文案寫作」課程更加生活化。以實際情境進行教學，讓學生從真實體驗中，建構課程所欲灌輸知識及欲培養之能力與態度。

## 2　教學方法

本課程以「體驗學習」為策略、「體驗經濟」為概念。課程帶領學生進入社區體驗並與社區人員對談，了解社區人員的需求、期待及痛點。本研究課程與社區共構的部分為，在課程規劃之前與社區理事長與志工代表，討論課程執行方式，可協助解決的社區問題，並確認課程執行過程社區可給予的協助，包括導覽、訪談的安排、背景資料的提供、業師的支援等，最終課程產出社區可如何運用等事項。

「伯金斯，在《聰明的學校》一書中說明學習是思考的結果。學習者在學習的過程中，思考及探索他們正在學什麼，只有從這樣的經驗中，學習者才能記下、理解，並活用知識……思考並不是來自知識，反之，知識是隨著思考而來，我們只有在思考，探索正在學習的內容時，才是真正在學習。」[7]為使學生思考顯現，教學過程將使學生運用眼（看）、耳（聽）、心（想）、口（問）、手（做）等相關教學策略。藉此幫助學生建立多元知識與技能。

本研究課程教學策略除直接教學外，更透過情境安排、體驗學習、校外參訪、小組合作、問答法、影片欣賞、學生上台報告、講授示範、實作、協同教學及問題引導和討論，並提供學生探究與問題解決的歷程，讓學生自己獲得知識，自己講出知識的細節和緣由。畢竟「讓思考變得可見，通常是指學生用來建立更深層理解的具體思考策略與歷程……如此，學生便能對思考歷程有更高的覺察，成為更獨立的學習者，有能力主導及管理自己的認知活動。」[8]

## 3　教學方法實踐模式

文案寫作不僅是單純文字書寫，更須了解消費者的需求。「文案寫作不只是舞文弄墨，更是一段陪伴目標閱聽眾（Target Audience）走過的精神旅程。……唯有多方觀察與理解行銷概念與溝通任務之後，才能審時度勢，寫出通情達理且能觸動欲望的好文案。」[9]因此，談到文案寫作，許多概念皆須納入，如使用者消費行為、體驗感受、心理學、社會學等因素。本課程希望學生能學習文案的心法及技法。

在課程中，安排實際演練，讓學生將上課所吸收的資訊及知識書寫呈現，藉此

---

7　榮‧理查特（Ron Ritchhart）、馬克‧邱奇（Mark Church）、凱琳‧莫莉森（Karin Morrison）著；伍晴文譯著：〈將思考置於教育界中心〉，《讓思考變得可見》（新北市：大家出版社，2019年6月），頁43。

8　同註7，頁39。

9　鄭緯筌：〈前言〉，《慢讀秒懂》（台北：大寫出版有限公司，2018年7月），頁10。

強化文案寫作能力；也利用同儕之間交換閱讀作品的方式，彼此觀摩、學習並進行自我改善與精進。並舉各式案例說明，讓學生日後有能力完成借鑒並活化運用。

本課程以理論的講述，建立學生正確的文案理論認知與相關基礎知識，並提供學生一個思考途徑。正如《慢讀秒懂》一書所言：「就像蓋房子之前，我們需要先有一張完整的建設藍圖，才能開始動工；而談到文案的布局……唯有全盤思考清楚之後，再來構思表達方式。其實，文案的寫作過程，和撰寫文章、報告的差別並不大，同樣都要歷經蒐集資料、審題、立意、規劃大綱與撰寫等步驟。」[10]課程中，讓學生能夠建構，理解並反思自己的想法，使深度思考及複雜思考的過程可見，並輔以體驗學習讓學生得以親身體悟，而後將所感轉化為文案作品。除帶領學生進行思考，還必須改變學生思考的方式，以達文案中的行銷目的。

課堂活動，乃朝著理解目標而進行的體驗活動，以助於學生理解思考。「表層學習著重知識與事實的記憶，通常是死記硬背下來的，深度學習則強調要在更主動、更具架構的過程中逐漸形成理解。」[11]了解當地的文化，才容易融入當地文化脈絡中。實地踏查是不可或缺的。

在本課程中，教導同學以議題規劃方式進行相關文案撰作，並舉實際案例進行解說，當然需要同學實際撰作而後指導修改，如此反覆多次，迭代修正，以達文案能完整呈現。「文案寫作（109-1）」課程進度如表3所示。本研究課程更輔以密集式工坊進行，以利知識的一貫性教導並完成系統化的專業訓練，以下進行說明：

### （1）同理心與思考策略工坊

如行銷大師賽斯・高汀（Seth Godin）所言，消費者買的往往是欲望，而非真正需要的物品。動人的文案，講述的大多為人性，所以希望能撰作出令人有感的文案，必須用心體會生活、留意生活點滴。生活中，所見、所得、所感都是文案撰作的素材，端看有沒有細心去觀察、感受並受到啟示。本課程利用工坊以策略性的設計，教導學生如何將生活中的吉光片羽衍化為感動人心促使行動的文案。

---

10 同註9，頁93。

11 同註7，頁26。

### 表3　「文案寫作（109-1）」課程進度表

| 週次 | 課程主題 | 內容說明 | 備註 | 行動研究 |
|---|---|---|---|---|
| 1 | 課程簡介<br>文案與文學 | 1.說明課程進行方式、評分標準<br>2.認識文案、接受者、文案對象為何？介紹武鹿社區 | 閱讀武鹿社區相關資料 | 方案一 |
| 2 | 認識行銷文案基本架構 | 文案撰寫基本架構 AIDCA、AIDMA | | |
| 3 | 1.社區FB經營案例解析<br>2.如何採錄社區行銷元素<br>3.採訪技巧與演練 | 1.社區 FB 經營案例解析<br>2.採錄技巧<br>3.採訪技巧與演練<br>4.小組討論 | 業師 | |
| 4 | 認識社區感受社區 | 1.社區場域踏查<br>2.安排社區進行簡報並實地踏查走入社區 | 訪談武鹿社區人員 | |
| 5<br>6<br>7 | （A）同理心與思考策略工坊 | ■要如何建立情感連結，同理心是相當重要的元素。工坊中將用同理心地圖、人物誌等工具進行引導。<br>■為使學生思考歷程可見，將運用策略性工具進行引導，如概念地圖、3 2 1橋接法、4c 歷程等策略。 | | 方案二 |
| 8<br>9<br>10 | （B）網路文案撰作技巧工坊 | 將原本抽象的想法，轉換成具體若可見。讓群眾進行分享、產生話題，甚至完成證言式行銷。教導標語、標題、前導文與正文寫法等撰作技巧。 | | |
| 11 | 網路廣告文案撰作技巧解說 | | | |
| 12 | 形象廣告文案案例分析 | | | 方案三 |
| 13 | 廣播文案撰作技巧 | | | |
| 14<br>15<br>16 | （C）文圖整合工坊 | 教導學生文案設計理念及中國傳統技藝纏花的製作。讓學生建構文圖整合的概念。 | | |

| 週次 | 課程主題 | 內容說明 | 備註 | 行動研究 |
|---|---|---|---|---|
| 17 | 成果展 | 學生、教師、社區人員共同舉行成果展 | | |
| 18 | 1.期末提報<br>2.檢討反思 | | | |

要如何建立情感連結，同理心是相當重要的元素。「若能透過『用戶輪廓』的分析，將有助於獲得解答。而所謂的『用戶輪廓』、『用戶畫像』或『人物誌』，其實談的都是同一件事，也就是 Persona。這是一種在行銷規劃或商業設計上描繪目標用戶的方法，經常有多種組合，方便規劃者用來分析並設定其針對不同用戶類型所開展的策略。」[12]工坊中將用「同理心地圖」、「人物誌」等工具進行引導。

學習是如何產生的？「學習是各種思考方式，以非常動態的形式，相互作用而成的成果。」[13]唯有讓思考歷程可見，學習者才更能掌控「思考」。教師須利用思考策略使「思考」可見，以協助學生在學習過程中，理解自己思考的歷程脈絡，日後更成為習慣，知曉如何進行「思考」。為使學生思考歷程可見，將運用策略性工具進行引導。

### （2）網路文案撰作技巧工坊

對於蒐集來的素材，也要有能力去整理、消化，內化成自己的養分，使文案邏輯通順，精彩有魅力，營造聽眾的想像。如此才易讓群眾進行分享、產生話題，甚至完成證言式行銷。也為社區進行廣告與口碑行銷，社區形象品牌傳播速度也將更快速。

寫作屬高創造力的表現，寫作不是單純陳述，寫作需要注入情感，更須進行思考，統整資訊與脈絡的編排。課程中將進行規劃並引導學生演練文案撰作，培養學生提取專業知識的能力。將教導標語、標題、前導文與正文寫法等撰作技巧。

### （3）文圖整合工坊

「表達力（Ability of Expression）是指一個人善於把自己的思想、情感、想法和意圖等，用語言、文字、圖形、表情和動作等清晰明確地表達出來，並善於讓他

---

12 同註9，頁67。
13 同註7，頁25。

人理解、體會和掌握。」[14]本課程除教導撰作文案，也請設計學系教師教導學生設計理念及中國傳統技藝纏花的製作。讓學生建構文圖整合的概念，使學生在此門課程中，不僅獲得專業知識的培養，也完成傳統技藝的傳承。

## 4　成績考核

任何教學要論定教學品質或教學成效，必須從學生的學習表現進行分析與評估「教學不是指教師教多少，而是學生學多少，教學要以學生學習為焦點」。[15]教學除了老師努力進行教學，也要注意到學生的參與過程及學生吸收了多少。知識的內隱成分，是無法透過語言文字說明的。本課程的評量方法多樣，如小組報告、出席率、同儕互評、小組合作狀況、上課參與討論、成品製作、口頭報告等項。除文案作品外，也納入業界與社區居民共同參與評量，提高作品的可行性。學習成效評量工具，如表4學習成效評量工具所示。

### 表4　學習成效評量工具

| 教學目標 | 評量資料來源 |
|---|---|
| 認知 | 學習單、書面報告、口頭簡報及問卷調查 |
| 情意 | 隨機抽樣訪談、觀察學生的學習表現，以推論是否具備情意目標的內涵 |
| 技能 | 技能方面則是藉由任務的達成情形，進行評量 |

## （二）方法技巧

## 1　研究設計

「和娛樂體驗一樣，在教育體驗中客體（學生）正在吸收對他來說並不是很清楚的事件，然而和娛樂體驗不一樣的是，教育需要客體更多的積極參與。要確實擴展一個人的視野，增加他的知識教育，必須積極使用大腦或身體。」[16]尤其重視體

---

14　同註9，頁51。

15　同註6，頁169。

16　約瑟夫・派恩（B. Joseph Pine II）、詹姆斯・吉爾摩（James H. Gilmore）著；夏業良、魯煒、江麗美譯：《體驗經濟時代（10週年修訂版）：人們正在追尋更多意義，更多感受》，〈設定舞台〉（台北：經濟新潮社出版，2013年），頁98。

驗、感受的文案寫作。體驗學習是擁有真實情境的切身接觸，並於其中以做中學的歷程進行學習與成長。「總括來說，體驗學習是一種讓學習者透過參與活動親自經驗、感受，並在反思、歸納後實際應用，經由參與式的學習歷程與實際操作後強化所學，且能產生深刻記憶與自我回饋。而在體驗學習的課程與活動參與過程中，能夠藉以產生學習與他人合作的團隊精神，並且提升個人自信與成就感的自我增能，同時在此進程中，能精進自身再關照、尊重與同理他者的反身性，亦可強化批判性思考的反思能力。」[17]

本研究立基於「體驗學習」，並將「體驗經濟」的概念導入「文案寫作」課程設計，探討是否能培養學生的文案力？提升學生對本課程的認知程度並提升其學習動機。

「體驗經濟」是 Pine 與 Gilmore 在1999年提出的概念，他們把人類經濟發展分成四個階段[18]。在「服務經濟」之後興起「體驗經濟」[19]，此種經濟型態成為80年代以來，歐美因為全球經濟危機後轉型的經濟類型之一。此型態強調產品與消費者之間的情感連結，此也反映現今社會人們心理所渴求的部分。因此「行銷」必須將此考量進去。「在『體驗經濟』時代，產品的價值則與消費者的感受有高度的關聯，消費者的偏好成了體驗經濟型態不可忽略的考量因素。體驗經濟強調消費氛圍的共同營造。」[20]Pine 和 Gilmore（1998）從兩個維度對體驗進行分類，分別是「顧客參與度」與「體驗者與環境的關係」。更將體驗分四大類型，分別是娛樂、教育、審美以及逃避現實，其中教育體驗即指在參與的過程中，通過主動參與而吸收知識的體驗過程。本人正想以此概念導入教學中，不只讓學生對課程能夠融入，並感到興趣，不是「被動參與」，而能「積極參與」並以「沉浸」的方式融入課程中，使學生透過教育的服務，師生共創的課程，讓學生的人生有了變化。畢竟「學生不是客戶，也不是產品，而是共同創造學校價值的『夥伴』」，[21]因此本課程將為學生營造能「沉浸」其中的學習場域，並可將所學實際發揮的「環境」。

---

17 李懿純、紀俊龍：〈大學生社會責任養成之實踐與反思：以單元式體驗學習融入「國語文能力表達」課程為例〉，《教育理論與實踐學刊》第40期（2019年12月），頁31。

18 第一階段是農業為主的「農業經濟」，第二階段是商品為主的「工業經濟」，第三階段是重視服務品質的「服務經濟」，第四階段則是強調使用者體驗的「體驗經濟」。

19 1999年Pine與Gilmore在《體驗經濟時代已經來臨》（1998）一書中提到「體驗經濟」。

20 李依儒：〈第一章緒論〉，《以體驗經濟探討手感設計產業之營運關鍵要素》，雲科大碩士論文（2018年6月），頁1。

21 同註16，頁14。

也將體驗經濟的理念傳達給學生，讓學生在撰作文案時能運用此理念。更透過教學現場的觀察與記錄，及課程相關資料的搜尋，探討融入社區體驗的教學方式，對學生學習的影響，並以多元化評量方式分析學生的學習成效，作為教師精進課程的依據，也可以提供給其他教師參考。

## 2　研究步驟

### （1）研究問題／意識

中文系的學生常擔憂與職場的接合度不夠，殊不知「文案力」正是職場最欠缺的。在「文案寫作」課程中，實際體驗、感受是重要的創作來源，正符合體驗經濟的精神。目前許多社區正缺乏年輕學子的創意與執行力。大學的課程正可與社區共同開創互利共長。因此，本研究立基於「體驗學習」，並將「體驗經濟」的概念導入「文案寫作」課程設計，探討是否能培養學生的文案力？提升學生對本課程的認知程度並提升其學習動機。

### （2）研究對象

本研究之學習對象為靜宜大學中國文學系二年級學生。大學一年級時修過之先備知識，使他們對於「傳統學術文學與文化」、「現代文學與文化」、「中文語文基礎訓練」皆已培養一定之能力。因此於大二時選修此門課，將可運用其所學進行轉化為「中文實用之能力」，也可看見中文於社會所發揮的實質成效。

### （3）研究方法及工具設計

本課程將以「體驗學習」、「體驗經濟」為理論基礎輔以行動研究。使用之研究方法及工具設計如表5所示。

**表5 研究方法及工具設計**

| 研究目的 | 研究方法 | 研究對象 | 研究工具 | 步驟與時程 |
|---|---|---|---|---|
| 社區共構體驗學習應用於「文案寫作」課程之研究 | 觀察法 | 修課同學 | 課程觀察記錄表。 | 針對學生學習狀況進行觀察記錄。 |
| | 問卷調查法 | 修課同學 | 課程問卷：透過問卷，進行意見收集及數據分析。 | 本研究預計進行兩次問卷調查：<br>1.前測：預計於課程第一週學生已了解課程未來操作模式後，對課程以及自我學習成效的預期。<br>2.後測：課程最後一週，學生對整體課程設計與自我學習效能的評估。 |
| | 訪談法 | 1.修課同學（隨機抽樣）<br>2.合作社區場域相關人員 | 1.學生訪談綱要：透過訪談以了解學生對於課程設計、學習歷程等意見與看法。<br>2.社區人員訪談綱要：透過訪談了解社區人員對於課程結合社區的運作模式意見。 | 1.本研究預計於各學習單元結束後的一週內，進行學生抽樣訪談。<br>2.於課程結束後的兩週內，完成場域相關合作人員的訪談記錄。 |
| | 成果分析 | 修課同學 | 李克特（Likert Scale）量表：設定學習評量指標，檢視學生達成學習成果目標的成效。 | 針對不同單元的學習，設計評量指標，用以客觀檢驗學生於課程中的學習成效。 |
| | 行動研究 | 修課同學與任課教師 | 統整上述成果 | 學習課程結束一週內 |

## （4）資料處理與分析

本研究除相關評量資料的收整與分析外，將焦點放在學習過程，試著記下各種啟發及推動學習的事件，問題對話及行動。記錄不僅記載課程過程，更重要的是課程過程的討論與反思。使本研究更具有明確性，具體性及價值性。

## （5）實施程序

針對課程規劃細節研究流程如圖3所示。

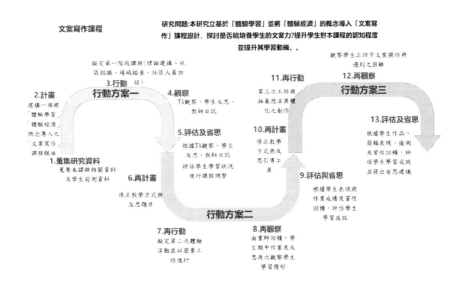

**圖3　行動研究流程**

# 肆　研發成果及學習成效

　　教學成效所看重的是學生能否具體掌握學習內容，所學知識是否有所深化、延伸、擴散，甚至確實運用於實務。經過體驗學習與反思後，學生的學習表現帶來的成果斐然，驗證其學習成效，也反映老師於教學的研發成果，以下進行說明。

　　「Resnick & Klopfer（1989）認為藉由實際經驗、體會，經由反思所『延伸啟發的知』才能幫助學習者解釋新經驗、解決問題，以及思考事物的因果邏輯。Knapp 認為學校教育提供的表面知，除非透過實踐、反思、延伸啟發，否則很容易被遺忘。」[1]因此課程中，適時請同學們針對產出之文字作品進行反思，回溯思路的產生、情感的牽引、價值意義的啟發。此也呼應「Kolb 認為『內在轉化』和『外在轉化』」不但應用於具體的感知體驗，也可應用於人們對文字符號的認知理解。」[2]

　　素養導向教學強調認知歷程的意義「素養導向教學設計是以個人處理問題或完成任務的認知歷程為基礎。若將認知歷程從後面往前推，即是運用策略解決問題、形成策略、具備核心知能、充分了解某個知能的意義。」[3]認知歷程若能在學習後，再次反思，並與日常生活進行連結，此能力將能完成內化，未來才能進行能力遷移，此能力也將可靈活發揮在不同情境之中。

　　課程融入體驗學習理論進行規劃，這樣的創新課程規劃學生的學習成效如何？因為課程不同、授課學生年級不同，因此本研究針對不同課程援引、設計規劃適合該課程之評量準則與量表。課程中皆安排相對應的作業或工具表單，協助檢核學生學習成效，教師教導妥適否？以下針對本研究之二門課程（「文化創意與實務（108-1）」、「文案寫作（109-1）」）之評量結果進行說明。

---

1　吳兆田：〈第三章　Kolb的經驗學習理論與發展論〉，《引導反思的第一本書》（第3版）（台北：五南圖書出版公司，2019年6月），頁75。

2　同註1，頁46。

3　劉世雄：〈第一章　面對素養導向教學的挑戰〉，《素養導向的教學理論與實務：教材分析、教學與評量設計》（台北：五南圖書出版公司，2021年8月），頁10。

# 一　課程評量

## （一）文化創意與實務（108-1）[4]

本研究建構一個與社區合作的體驗學習文創課程模組，並以知識管理的理論，進行課程執行成效檢核。探討學生是否藉此學習模式形成其知識系統。驗證文創課與社區體驗結合的創新課程模組，對於學生的學習成效是否有正面意義。

本研究課程，以體驗學習加上知識創新理論作為教學理論，透過各種工坊與進入社區場域體驗實作的機會，讓學生的隱性知識與顯性知識不斷地經過內化、外化、連結、共同化的螺旋過程產生新知識。此一知識創造的過程，難以用簡單的數據呈現學習效果。因此，本研究從教師端的評量與學生端的評量同時進行。

### 1　問卷評量結果

專業知識評量方面，針對本課程，創新設計知識論學習評量工具表單。本課程打破單一學習場域的概念，將學生的學習場域區分為知識學習場域、創意實作場域及成果展現場域如表1（課程運用多元場域對照表）所示。不同場域對於教學的資源和學生體驗將提供不同的協助，多元場域支援教學現場產生的成效，無論是學生學習興趣與實質產出，相較於以往單一的教學場域，顯得成效卓著。

---

4　本課程部分成果已於期刊進行發表。

汪淑珍、廖啟旭：〈「文化創意與實務課程」連結社會創新教學之實踐〉，《服務學習與社會連結學刊》，第4期（2021年4月），頁89-97。

## 表1　課程運用多元場域對照表

| 場域屬性 | 知識學習 | 創意實作 | 成果展現 |
|---|---|---|---|
| 體驗場域範疇 | 教室內、培力空間 LINE 群組、社區戶外空間 | 教室內、教室外走廊 | 教室外走廊、社區活動中心 |
| 教師教學意義 | 可按課程內容屬性提供教學所需相適應的學習空間，（如真實蒐羅素材的戶外空間、適合理解思考的教室空間、需要分組討論的培力空間、無時間地點限制的網路空間）實體與虛體空間的整合運用對教學成效有所助益。傳統單一場域的教學距離真實世界太遠，而多元場域的目的在於使教師善用不同場域，讓學生真實體驗感受。 | | |
| 學生學習意義 | 學生將知識順利轉化為成品，於教室走廊完成作品初稿並進行初步展示，成就感與自信心大增，而後於社區活動中心舉辦成果發表會，更加確認自己的作品可用，也大大提升其學習動機與興趣。 | | |

　　本研究針對知識論的層面發現，「共同化」的關鍵在於內隱知識之間的的轉換。在前後測問卷中，發現學生認為自己在內隱知識的學習的確產生進步。在合併質化學生心得部分，更可發現學生雖然部分問題的答案說不出來，但是仍可用「印象深刻」進行描述。「外化」是指內隱知識轉換成外顯知識。在前後測問卷中，學生表達有更深刻的體會感覺。在「業師觀察」中，也發現此現象。

　　在「學生心得」部分，可看出學生對於與社區結合實地踏查、實作體驗此教學模式之肯定。「學生作品」部分，多數同學皆能有所創發，展現個人特色，不再重複他人固定之創作模式。

　　「結合化」是外顯知識與外顯知識之間的結合。在前後測問卷中，學生認同課程理論與實務結合之成效。「業師觀察」中也呈現學生能適當掌握素材發揮創意。在「學生心得」部分，同學們皆表示老師對於其創作進行了提點與重要的引導，藉由老師的引導，再融合其自身原有之共同化知識，將產生結合知識。

　　「內化」是指外顯知識轉化成內隱知識的歷程。在前後測問卷部分，學生很明確的表達「知道如何發展文創的思考與創意」以及「認識武鹿社區及收穫藍染經驗」[5]。以上可參表2（評量工具表）、表3（評量分析表）

---

5　同註4，頁92-93。

表2　評量工具表

| 評量工具 ＼ 知識指標 | 共同化 | 外化 | 結合 | 內化 |
|---|---|---|---|---|
| 量化　前測後測問卷／本人設計、學生填寫 | ➢ 能自我回饋，回顧學習的內容<br>➢ 對新的議題及不同領域的知識感到有興趣<br>➢ 我具備溝通與交流能力<br>➢ 我具備良好的學習氣質及習慣 | ➢ 我具備分析問題及批判的思考能力<br>➢ 在團隊合作過程中，我可以做到主觀及客觀思考的平衡<br>➢ 透過接觸更了解「人」之後，我會產生新的感覺或情感連結<br>➢ 這個課程或活動非常有趣<br>➢ 整個課程或活動令我感到愉快 | ➢ 我覺得課程及活動提供我驗證理論與實務的機會<br>➢ 我能獲得未來工作所需的知能<br>➢ 我具備社會責任的概念<br>➢ 我能夠了解跨領域學習的價值（包括跨域議題及領域）<br>➢ 我可以對各種形式的媒體（圖像、文字、聲音）提出自己的想法 | ➢ 請用二句話說明你在這堂課的學習及收穫<br>➢ 課程及活動可以增加我對實務議題或實作場域的認識及了解<br>➢ 此課程或活動引發我求知的好奇心<br>➢ 透過整合不同學科的知識，對資訊及行為可以產生新的觀點<br>➢ 我具備跨學科整合的邏輯與綜整能力<br>➢ 我能夠提出充分合理而完整的論點<br>➢ 我能闡釋對我最有價值的知識<br>➢ 我能輕鬆地判斷出最符合我學習需求且有用的資訊<br>➢ 我能在學習中融入新的知識與技術 |
| 質化　業師觀察記錄／本人設計、業師填寫 | | ➢ 學生文化元素運用情形<br>➢ 學生學習態度表現 | ➢ 學生設計表現 | ➢ 學生創意表現 |

| 評量工具＼知識指標 | | 共同化 | 外化 | 結合 | 內化 |
|---|---|---|---|---|---|
| | 學生心得／本人設計、學生填寫 | ➤ 對於台灣最有印象的文化為何？<br>➤ 對於哪件文創商品最有印象？原因為何？<br>➤ 在社區田調時，印象最深的人／事／地／景為何？請舉例並說明原因。<br>➤ 在十字分析課程中，你覺得你所準備的材料有哪些需要增加？原因為何？ | ➤「認識『文化創意產業』中的文化」此單元中印象最深刻的內容為何？<br>➤ 如何產出文創商品？重要元素為何？<br>➤ 如何採錄社區文創元素？<br>➤ 如何進行創意發想？可運用哪些方法？ | ➤ 在「工坊一」中，你對於藍染的認識為何？請說明<br>➤ 你的藍染作品哪些想法是來自於老師課堂的教授（請註明哪位老師）？哪一部分想法來自自身經驗？<br>➤ 貴組在討論的過程中，如何產生共識？ | ➤ 你的藍染作品是什麼？請描述設計的主要理念<br>➤ 此教學模式，有助於文創興趣的提升 |
| | 學生作品／本人設計、本人填寫 | ➤ 文化元素的融入 | ➤ 創意與文化的結合情形 | ➤ 型染創意、相框整體設計<br>➤ 創意綁染整體呈現<br>➤ 詩歌創作 | |

表3　評量分析表

| 評量工具 ＼ 知識指標 | | 共同化 | 外化 | 結合 | 內化 |
|---|---|---|---|---|---|
| 量化 | 前測後測問卷／學生 | ➤ 前後測問卷比較後，發現藉由引導工具表單的引導，學生能夠說出學習的內容，由學期開始對於新議題及不同領域的知識並沒有強烈感到興趣、溝通與交流能力欠缺，也缺乏良好的學習氣質及習慣。在後測中明顯有所提升。 | ➤ 經過課程安排提問，激發學生分析問題及批判思考能力有些微提升。<br>➤ <u>然在團隊合作過程中，主觀及客觀思考的平衡仍不易達成。</u><br>➤ <u>「透過接觸更了解『人』」之後，我會產生新的感覺或情感連結」此題項學生給予高度肯定。</u><br>➤ <u>對於課程或活動整體而言，學生感受到愉快。</u> | 學生肯定課程及活動提供驗證理論與實務的機會。<br>➤ <u>但對於能獲得未來工作所需的知能並不完全認同，畢竟有些同學志不在文創業。</u><br>➤ 具備社會責任的概念、我能夠了解跨領域學習的價值（包括跨域議題及領域）、可以對各種形式的媒體（圖像、文字、聲音）提出自己的想法，此三題項學生皆予以肯定。 | ➤ 請用二句話說明你在這堂課的學習及收穫。<br>➤ 經由統計出現頻率最高的回饋是「知道如何發展文創的思考與創意」。<br>➤ <u>「認識武鹿社區及收穫藍染經驗」由此可知達成課程目標。</u><br>➤ 課程增加實務議題或實作場域的認識及了解、課程引發求知的好奇心、產生新的觀點。以上學生給予認同。<br>➤ 具備跨學科整合的邏輯與綜整能力、能夠提出充分合理而完整的論點、能闡釋對我最有價值的知識。<u>以上題項學生自覺仍顯不足，畢竟論點的闡釋需要豐厚知識的支撐。且在本次課程中此部分的教授分量較少。</u> |

| 評量工具＼知識指標 | | 共同化 | 外化 | 結合 | 內化 |
|---|---|---|---|---|---|
| | | | | | ➢ 同學皆能輕鬆地判斷出最符合學習需求且有用的資訊、能在學習中融入新的知識與技術。此部分能得到同學高度認可，乃因課程中充分運用引導工具表單，所發揮的成效。 |
| 質化 | 業師觀察記錄／業師 | | ➢ 學生文化元素運用情形，業師們認為學生皆能從實地參訪經驗擷取靈感，從而發想相關圖樣。由此可見實際踏查的重要性。<br>➢ 學生學習態度表現，業師們一致認為「積極發問討論，互相操作，學習態度佳」。 | ➢ 學生設計表現「從武鹿、舞鶯、老屋等在地元素衍生設計，符合主題，亦達創意需求，表現佳。」顯示學生對於素材的掌握度足夠。 | ➢ 學生創意表現「學生透過設計創意發想法，從實際探訪武鹿社區之觀察，從文字新詩的創造，搭配抽象、具象等面向延伸創意思考，形成構圖之畫面想像與結構傳達，形成具有創意的視覺呈現。」 |
| | 學生心得／學生 | ➢ 對於台灣最有印象的文化為何？<br>同學填答最多的是「廟會文化」與「原著民文化」因為廟會熱鬧的儀式、陣頭 | ➢ 「認識『文化創意產業』中的文化」此單元中印象最深刻的內容為何？<br>如「印象最深的是文化三個範疇 | ➢ 在「工坊一」中，你對於藍染的認識為何？請說明之。<br>➢ 你的藍染作品有哪些想法是來自於老師課堂的教授（請註明哪位老師）？哪一部分想法來自 | 你的藍染作品是什麼？設計的主要理念請做描述。<br>同學皆能完整陳述理念，如「設計概念：<br>藍染的部分，設計整體以荷花為主， |

| 評量工具 ＼ 知識指標 | 共同化 | 外化 | 結合 | 內化 |
|---|---|---|---|---|
| | 與原住民強烈的圖騰視覺感受，讓學生們印象深刻。<br>➤ 對於哪件文創商品最有印象？原因為何？<br>此題項同學皆能各自表述。如「法藍瓷，融合古典和現代加上瓷器上的浮雕，可以做成花瓶、茶具、碗盤等，雖然價格都不便宜，但一擺出來立刻提升質感，又美又高貴，很值得收藏。」<br>➤ 在社區田調時，印象最深的人／事／地／景為何？請舉例並說明原因。<br>此題項同學皆能各自表述。如「當地爺爺奶奶在挑韭黃，以及韭黃放在地上，被陽光照耀的情景。濃濃的韭黃味，而韭黃 | 中的『精神文化』。精神文化，可以是人的信仰，也可以是對於藝術的欣賞角度，以無形的精神，融入文化之中。」<br>➤ 如何產出文創商品？重要元素為何？<br>如「源自地方文史、生態、自然、傳奇和民間的文化元素，讓地方色彩更為鮮明深刻，連接在地文化元素中，有著情感的聯繫，使有形商品和無形寓意有著情感呼應。」<br>➤ 如何採錄社區文創元素？<br>如「可由鄉鎮的地標、產業、觀光、民俗、信仰、美食等元素，以口頭訪問，實地踏查翻閱地方誌，或善用網路資 | 自身經驗？<br>藍染部分本課程安排二位老師，同學們皆表示老師對於其創作進行了提點與重要的引導，藉由老師的引導，再融合其自身原有之共同化知識將產生結合知識，如「顏足貴和林瓊姿老師，在糊染構圖時和老師們討論加一點什麼小石小草，讓構圖的整個畫面不會太空，而我把草轉換成我參觀社區時看到的當地特色韭菜，增加社區元素，使作品更貼合社區。」、「在課堂中，雖想把椅子圖作得很標準按照一定比例，但最後與老師討論，以最簡單的方式去作圖即可，也想到太剛直的線條不見得會讓他人看到覺得是個放鬆的地方，最後還算是成功的完成作品。」<br>➤ 貴組在討論的過程中，如何產生共識。<br>每組皆有其不同方式。如「每個人皆提 | 輔以武鹿社區裡大宅上的圖騰花紋，綴在荷花的下方及兩側，將花朵包圍在中心，兩相結合的圖案。<br>相框部分則是將荷花以及武鹿的荷花池的相關元素──荷葉、蓮藕、花瓣、水等作一個組合，與藍染上的荷花交織成一幅景色。<br>出淤泥而不染的荷花向來是我心頭所好，於我而言，荷花有一種獨特的吸引力，即便與滿池殘枝敗葉為伍，也依舊傲然挺立，那一點淡淡的粉色，格外搏人目光，宛如自帶氣場能將所處之地化為一方桃花源。<br>武鹿雖小，卻隱含許多寶藏，是金子總會發光，謹以此幅拙作祝願武鹿能似其中的荷花一般，暗香遠傳，生生不息，永不沒落。」 |

| 評量工具 知識指標 | 共同化 | 外化 | 結合 | 內化 |
|---|---|---|---|---|
| | 在陽光照射下，充滿人情味的爺爺奶奶挑選之下，顯得武鹿社區之溫暖及濃厚的情誼。」<br>➢ 在十字分析課程中，你覺得你所準備的材料有哪些需要增加？原因是什麼？<br>➢ 此題項同學皆能各自表述。由同學回答中可見大多忽視了自然之物。如「有關大自然的部分，自己大部分都看到人為建築物的部分，因此忽略自然。」原因：太強調人與人造物」、「需要增加的是自然的、與人相關的內容，因為在記錄過程中，我們更關注人造物，失去了自然景色的觀察」 | 源，來進行社區文創元素的採錄。」<br>➢ **如何進行創意發想？可運用哪些方法？**<br>➢ 此題項學生皆能擷取課堂講授之內容進行回答，此也顯示同學們對文創領域知識有所增長。如同學回答：「1.顛覆傳統、打破習慣、反向思考；2.從需求出發；3.對人、地、事、物變化的敏銳觀察；4.多閱讀、多旅行；5出國參訪考察；6.蒐集資料、分類儲存（經常）；7.隨手筆記；8.集思廣益團體討論；9.自我放鬆。」 | 出各自的點子，集思廣益下，有人出來統整及歸納大家的想法。於是我們的作品，異中求同，都有著相似之處，並且達成共識。」、「多方提出意見，討論最後選出最好的。」、「討論再討論」、「多數決」、「各自分享感受，結合運用故事敘事方法整合。」、「每個作品都必須體現社區的特色」 | |

| 評量工具 ＼知識指標 | 共同化 | 外化 | 結合 | 內化 |
|---|---|---|---|---|
| 學生作品／本師意見 | ➢ 學生作品皆能將文化元素的融入，無論是社區內的廟宇、古厝、無患子、雀榕、土地公廟、白鷺鷥、療癒雞，甚至具傳統建築特色的紅磚牆及窗櫺等都成為學生創作的文化元素。 | 創意與文化的結合情形相當完美。如學生設計理念所言，「利用武鹿社區裡的無患子樹，和城市裡缺少三合院的記憶，加上武鹿社區的信仰中心太子爺的孩童形象，融合佛教無患子的寓言，用萬花筒和窗花變化的樣貌，將各個元素融入。」、「在武鹿社區有一棵無患子樹，樹下有乘涼的座椅，周遭圍繞著許多三合院，三合院的牆上有著各式各樣的磚牆堆砌而成的花樣，所以我將居民生活中的無患子樹和住家的磚牆花樣結合，把花樣鑲在無患子的果實上，將 | ➢ 型染創意、相框整體設計具創意。詩歌創作也能與作品相契合，如〈鴿：希望〉你是十月的白雪在空中自由的 悠靜的遨遊短暫踏入塵囂 在灰泥的城市帶來微光」、「〈今‧昔〉今與昔的交錯 就像牆上的那扇舊窗口，在花紋之後看盡了你我，曲折且斑駁。而在過了那麼久以後，誰還記得樹上結的果，能保無患且無愁？歲月隨著溪河流淌而過，當初種下的禾苗低下了頭，無言的等候，有人能夠為之停留。」➢ 創意綁染整體能展現個人獨具創意。設計概念如「整體設計為一個筆袋。配飾一根裝飾鉛筆，整體不單調。魚鱗正面左上角，背面右下角，象徵著『如魚得水、萬事大吉』」、「我的理念是童趣，所以作品是風車。風車是台 | |

| 評量工具 ＼ 知識指標 | | 共同化 | 外化 | 結合 | 內化 |
|---|---|---|---|---|---|
| | | | 居民生活中的植物和他們居所中的磚牆融為一體。右下角的雞是社區特有的療癒雞，會將喙和爪子修的不那麼銳利，讓居民與之互動，療癒身心。左邊的山表示著自然環境，體現居民和自然環境有著良好互動。」、「以垂掛在屋簷的大紅燈籠為設計主軸，並連結其功能與意義，並加入社區發展的意象表現。」 | 灣小孩都接觸過的童玩，在小時候回鄉下老家時，總可以看到很多小孩拿著風車到處跑，而我也與他們一起玩著風車，因此風車對我來說就是童趣的象徵。我將布折成十字，就如同小時候都會和朋友們將紙折成手裡箭的樣子來玩，於是便結合起來將其代表童趣。」 | |

　　在「業師觀察記錄」中，業師提到「學生透過設計創意發想法，從實際探訪武鹿社區之觀察，從文字新詩的創造，搭配抽象、具象等面向延伸創意思考，形成構圖之畫面想像與結構傳達，形成具有創意的視覺呈現。」對於內化，業師認可學生學習的成效。在「學生心得」部分，同學皆能完整陳述理念，綜上所述，學生不僅內化，在陳述中也做到結合化的歷程。

　　本研究學生端以學生為主體，從學生學習心理出發，呈現學生對於本次課程設計的想法。項目包括學習態度、對於學習模式的滿意度、課程滿意度、學習效能等。以李克特（Likert Scale）五分量表進行施測如「結合社區的文化創意與實務課程」期末問卷，此教學模式評量結果如表4所示。由數據顯示學生對於此模式是滿意的。

**表4　「創新教學模式學生滿意度調查」得分**

| 此教學模式，有助於文創興趣的提升 | 此教學模式，有助於文創相關知識的運用 | 此教學模式，有助於思維整合能力的提升 | 此教學模式，有助於團隊合作 | 此教學模式，有助於學習力提高 | 此教學模式，對學習成效有正面的影響 | 此教學模式，有助於學習動機的提升 | 此教學模式，有助於我對文創相關知識產生長期記憶 |
|---|---|---|---|---|---|---|---|
| 4.42 | 4.42 | 4.31 | 4.35 | 4.27 | 4.42 | 4.35 | 4.38 |

教師端的評量除教師意見外，包含業師及社區志工的問卷及意見。其中，業師觀察舉例如表5。學生質性回饋問卷舉例如表6。

## 表5 業師觀察記錄表

觀察者：<u>林育如</u>　　　時間：<u>2019年11月30日</u>

**學生創意表現：**

　　學生透過設計創意發想法，從實際探訪武鹿社區之觀察，從文字新詩的創造，搭配抽象、具象等面向延伸創意思考，形成構圖之畫面想像與結構傳達，形成具有創意的視覺呈現。

**學生設計表現：**

　　學生於課程安排上，經由創意發想、設計思維、圖像構成、畫面結構、色彩搭配、完稿整合等設計流程，完成個人對於社區形象具有豐沛的視覺創新表現，形成令人驚艷的設計作品。

**學生文化元素運用情形：**

　　學生於實務設計前，透過實地探訪形成理解，探索人事時地物之相關資訊，對社區的人文風情、文化脈絡、物產風貌等特色，皆能夠完整陳述形成圖像元素，並靈活運用於設計創作之中。

**學生學習態度表現：**

　　學生學習態度表現佳，能於課程學習中勇於提出見解，並形成創意概念，具體落實，實踐設計物之製作，具有創新創意之能力，課程創作時間掌握精確，善於運用設計流程形成精彩的作品。

## 表6　學生質性回饋問卷

姓名：許文秀

顯性知識

「認識『文化創意產業』中的文化」，此單元中印象最深刻的內容為何？

最記得的內容是四大領域15+1的產業類別，一直都知道文化的定義範圍很廣，而文化創意產業竟然也分那麼多類型，才知道某些類型原來也算是文化創意產業的一部分。

如何產出文創商品？重要元素為何？

源自於地方文史、生態、自然、傳奇和民藝的文化元素。

如何採錄社區文創元素？

用手機或者相機將人文建築、生態自然拍攝，用手機或錄音筆把社區故事錄起來。

如何進行創意發想？可運用哪些方法？

1. 顛覆傳統、打破習慣、反向思考
2. 從需求出發：有什麼需求尚未被滿足
3. 對人、地、事、物變化的敏銳觀察
4. 多閱讀
5. 多旅行
6. 喜愛旅行及出國參訪考察

在「工坊一」中，你對於藍染的認識為何？請說明之。

參加工坊前，在我的印象中，藍染就是把布染成藍色的，卻沒想到還能染出各種顏色，還可以用不同工具、綁法、折法或上糊造出各種不同的圖案，染布次數對布的顏色深淺也會有不同的變化。

隱性知識

對於台灣最有印象的文化為何？

對於台灣最有印象的文化是陣頭文化，在台灣地區廟宇眾多，相對的廟宇活動也多，而傳統文化也會加入新元素做出創新，如電音三太子，且推廣到全世界，讓更多人知道。

對於哪件文創商品最有印象？原因為何？

翠玉白菜，通過文化創意，讓這件國寶深植人心。

在社區田調時，印象最深的人／事／地／景為何？請舉例並說明原因。

最深刻的是在武鹿社區祠堂一群老爺爺玩麻將。

在十字分析課程中，你覺得你所準備的材料有哪些需要增加？原因是什麼？

需要增加關於當地傳統節日特色、習俗，這些可以更便於了解社區的人文知識，便於發散性思考。

顯性加隱性知識產生新知識

你的藍染作品是什麼？設計的主要理念請做描述。

以「武鹿」兩個字巧妙結合，組合一起，可以用來做徽章或者牌坊，作品簡單大氣。

你的藍染作品有哪些想法是來自於老師課堂的教授（請註明哪位老師）？哪一部分想法來自自身經驗？

運用林瓊姿老師教我在「鹿」字運用雙線條並留「口」，方便上色。

貴組在討論的過程中，如何產生共識？

共同討論。

姓名：張玲

顯性知識

「認識『文化創意產業』中的文化」，此單元中印象最深刻的內容為何？
文化是核心，產業是載體，創意是價值。

如何產出文創商品？重要元素為何？
源自於地方文史、生態、自然、傳奇等文化元素，讓地方色彩更為鮮明深刻，
連接在地文化元素中有著情感的聯繫，使有形商品和無形寓意有著情感呼應。
可由鄉村的地標、產業、觀光、民俗、信仰、美食等元素進行文創採錄。

如何採錄社區文創元素？
尋找地名沿革，有形、無形，進行思考。

如何進行創意發想，可運用哪些方法？
顛覆傳統、打破習慣、反向思考，從「需求」出發：有什麼需求尚未被滿足；
對人、文、事、物變化的敏銳觀察；多閱讀。
方法：曼陀羅思考法。

在「工坊一」中，你對於藍染的認識為何？請說明之。
藍染有假染、蠟染、縫染等染色方法。

隱性知識

對於台灣最有印象的文化為何？
媽祖文化，海洋文化的代表，台灣記憶。

對於哪件文創商品最有印象？原因為何？
小老鼠布偶，可愛，精緻。

在社區田調時，印象最深的人／事／地／景為何？請舉例並說明原因。
人，中老年。
原因：以老扶老，互幫互助，友愛。

在十字分析課程中，你覺得你所準備的材料有哪些需要增加？原因是什麼？

自然，自然物。原因：太強調人與人造物。

顯性加隱性知識產生新知識

你的藍染作品是？設計的主要理念請做描述。

藍染圖像文創相框，簡單是對生活最好的詮釋，武鹿，靜謐美好。

你的藍染作品有哪些想法是來自於老師課堂的教授（請註明哪位老師）？哪一部分想法來自自身經驗？

課堂：蠟染；對人、文、事、物變化的觀察。

自身：漸層，顏色淺，生活就是平平淡的幸福。

貴組在討論的過程中，如何產生共識？

討論，求同存異。

姓名：何羽雙

顯性知識

「認識『文化創意產業』中的文化」，此單元中印象最深刻的內容為何？

台灣文化創意產業的15+1，以及各文創產業的發源及歷史演變。

如何產出文創商品？重要元素為何？

文化+創意+創業，最重要的元素是創意，可以使一個產品完全區別於另外一個。

如何採錄社區文創元素？

到社區以後，通過拍照等方式，找尋出共同的抽象概念，再將抽象元素運用到作品之中。

如何進行創意發想？可運用哪些方法？

可以通過聯想等方法，從內向外找出共同點，予以創意發想。

在「工坊一」中，你對於藍染的認識為何？請說明之。

藍染是一種非常古老的藝術創作方式，可以通過各種染料予以創作，成品可以被廣泛應用於各種生活小物中。

隱性知識

對於台灣最有印象的文化為何？

台灣的文化比大陸傳承得更好，保存得更完整，尤其是台北的故宮博物院。

對於哪件文創商品最有印象？原因為何？

故宮文創的朕知道了紙膠帶，因為我個人對台灣故宮文創比較感興趣。

在社區田調時，印象最深的人／事／地／景為何？請舉例並說明原因。

印象最深的人和事，是在進一個祠堂裡有許多老爺爺在打麻將，但還不是用傳統麻將；景是許多家門口都會張貼諸事大吉的紙。

在十字分析課程中，你覺得你所準備的材料有哪些需要增加？原因是什麼？

需要增加的是自然的、與人相關的內容，因為在記錄過程中，我們更關注人造物，失去了自然景色的觀察。

顯性加隱性知識產生新知識

你的藍染作品是？設計的主要理念請做描述。

以陰陽太極發想出來的兩條「錦鯉」，並配以大吉兩個字。主要理念是由於觀察武鹿社區的建築大多數都體現出對稱之美，展現出和諧的魅力，而大吉諸事則是成員的願望，並予以結合。

你的藍染作品有哪些想法是來自於老師課堂的教授（請註明哪位老師）？哪一部分想法來自自身經驗？

林瓊姿老師教我利用大吉兩個字，將吉部分的「口」用陰陽魚來代替，想到和諧我就自然聯想到中國古老的太極陰陽魚，這是自身經驗。

---

貴組在討論的過程中，如何產生共識？

將資料予以完整，再一起發想。

---

## 2　建議與省思

### （1）場域面

　　<u>學校課程與場域合作提供學生體驗的課程，若有產出物將回饋給社區者，應將社區需求與看法進行納入，且在課程執行一段時間即須進行檢核，如此才能達到日後可為社區所用。</u>

　　在本研究中，針對場域的接受情形，本研究設計了一份「社區人員對於學生作品接受情形」之問卷。本研究以問卷形式進行數據的蒐集，問卷採用李克特（Likert Scale）五分量表，從1分到5分進行計分，如表7所示：

### 表7　「社區人員對於學生作品接受情形」問卷得分

| Q1 | Q2 | Q3 | Q4 | Q5 | Q6 | Q7 |
|---|---|---|---|---|---|---|
| 目標性 | | | | 設計性 | | |
| 作品對於社區美化有幫助 | 作品中有社區元素 | 作品幫助我更加認識社區 | 作品能喚起我對社區的印象 | 作品覺得很不錯 | 作品看了很有感覺，能產生共鳴 | 看了作品說明（詩歌創作）後對作品理解增加 |
| 4.65 | 4.40 | 4.45 | 4.60 | 4.10 | 4.10 | 4.15 |

　　由表7得知，所有題項之平均得分均高於4分（滿分5分）。整體而言，對於學生作品的接受度高。此外，在學生作品目標性的各個題項（Q1至Q4）得分均高於學生作品設計性的各個題項。<u>學生作品在目標性的效果優於設計性效果，其主要原因是學生作品進入社區後，明顯於視覺上讓社區人員「感覺到不同」；至於作品的設計理念或原理，除非有進一步的說明或解釋，否則不容易讓觀賞者產生共鳴。這也促發我們思考日後協助社區進行的設計應加入社區人員能理解的文字說明，而非重意象的詩歌形式，不然意涵深厚的創作，將面臨觀者無法體會的遺憾現象。</u>

　　本課程安排三位業師協助授課，其中二位為社區教師，由三位業師問卷評量分數可見其對於學生的創作給予高度肯定，如表8所示。

表8 「業師對於學生作品接受情形」問卷得分

| Q1 | Q2 | Q3 | Q4 | Q5 | Q6 | Q7 |
|---|---|---|---|---|---|---|
| 目標性 | | | | 設計性 | | |
| 作品對於社區美化有幫助 | 作品中有社區元素 | 作品幫助我更加認識社區 | 作品能喚起我對社區的印象 | 作品覺得很不錯 | 作品看了很有感覺，能產生共鳴 | 看了作品說明（詩歌創作）後對作品理解增加 |
| 5 | 5 | 4.3 | 4.3 | 4.6 | 5 | 4.6 |

　　更由其質性回饋如一、學生創意表現：學生透過設計創意發想法，從實際探訪武鹿社區之觀察，文字新詩的創造，搭配抽象、具象等面向延伸創意思考，形成構圖之畫面想像與結構傳達，形成具有創意的視覺呈現。二、學生設計表現：學生於課程安排上，經由創意發想、設計思維、圖像構成、畫面結構、色彩搭配、完稿整合等設計流程，完成個人對於社區形象具有豐沛的視覺創新表現，形成令人驚艷的設計作品。三、學生文化元素運用情形：<u>學生於實務設計前，透過實地探訪形成理解，探索人事時地物之相關資訊，對社區的人文風情、文化脈絡、物產風貌等特色，皆能夠完整陳述形成圖像元素，並靈活運用於設計創作之中。</u>四、學生學習態度表現：學生學習態度表現佳，能於課程學習中勇於提出見解，並形成創意概念，具體落實實踐設計物之製作，具有創新創意之能力，課程創作時間掌握精確，善於運用設計流程形成精彩的作品。

## （2）教學面

　　<u>針對本課程之創新教學模式學生的滿意度調查，由數據可知同學們滿意，在質性回饋言論中也多有讚賞。質性的問卷成效良好，藉由質性問題的設計帶領學生思考其學習的路徑。</u>藉由此質性問題的設計可清楚學生欠缺的知識為何，學生也更清楚自己不足之處。也了解知識如何進行轉換與產生。

　　設計構思的思考路徑引導工具表單也發揮作用，使學生的設計作品不是天馬行空而是有路徑可循，有方法可用，此方法模式演練過後若能內化，日後從事設計相關的創作皆可加以運用。老師在學生創作初期也可依循此表單加以建議，如此日後產出之作品可用性、價值性將更高。<u>惟課程中仍需進行調整處，由教學助理的觀察表中可見教學流程規劃須再細緻些。其次課程要求學生完成產出物件不宜太多。</u>

　　<u>學生心得問卷缺過程</u>，學生心得回饋乃於課程全部結束後收回，然學習過程的真實感受可能已淡忘，<u>應該以階段性心得調查，如此更能掌握學生真實感受，對於課程的改進將更有實質意義。</u>

　　本師對於學生作品評量太主觀。學生作品分數本師占比例居高，業師們又太客氣給予學生評價高，<u>未來應安排校外專家協助進行學生作品評量，並於成果發表時給予分數並進行講評，如此對於學生作品品質的提升應有所助益。</u>

## （3）教師面

　　本課程與業師（包含社區教師）的合作模式為：文創相關理論知識與案例解說由授課老師進行，創作之技術指導與創作方面之專業知識，由業師協助講授與指導，過程中多次的溝通協調是必須的，畢竟授課教師較了解學生的屬性與習慣。業師授課過程，任課教師也須在旁進行輔佐給予必要協助。<u>本次課程與校內老師及業師共組一個跨領域共授團隊。共授團隊如何將知識以系列方式傳輸給學生而非拼盤式的給予，在此次課程中也進行了示範。</u>更重要的是此課程提供了一個社區合作的<u>成功模式。</u>

## （二）文案寫作（109-1）

　　本研究立基於「體驗學習」並將「體驗經濟」概念導入「文案寫作」課程設計，探討是否能培養學生文案力？提升學生對本課程認知程度並提升其學習動機。

## 1　問卷評量結果

　　本課程針對修課學生進行其「課程認知」的前測與後測的比較分析，填答的學生有32位。本研究所謂的前測係於課程第一週在老師對課程大綱的講解後，隨後所進行的認知調查，其調查題項共計11題（如下表9）題項來源為參考「靜宜大學109年度教育部補助大學在地實踐社會責任計畫：建構幸福銀髮生態圈之計畫設計問卷。」另所謂的後測係於課程最後一週，讓學生就其整個課程學習中的認知，所進行「課程認知」相同題項的填答。

**表9　認知調查題項**

| | |
|---|---|
| 1. 課程及活動可以增加我對實務議題或實作場域的認識及了解 | |
| 2. 課程及活動可以增加我對實務議題或高齡社會的認識及了解 | |
| 3. 可增加未來從事產業工作的能力和競爭力 | |
| 4. 我覺得課程及活動提供我驗證理論與實務的機會 | |
| 5. 課程及活動中我會尊重他人的價值。 | |
| 6. 課程及活動會引發我主動關心社會議題或高齡社會的意願 | 題項文獻來源參考（靜宜大學，2020）[6] |
| 7. 活動中有不同科系的同學參與，可以提升對跨領域知識或是不同知識的包容力 | |
| 8. 提升個人未來從事以高齡長者為服務對象或目標市場的工作的意願 | |
| 9. 此課程或活動引發我求知的好奇心 | |
| 10.能自我回饋，回顧學習的內容 | |
| 11.我可以評估自己能力的成長及缺失所在，了解持續改善需求 | |

在「課程認知」的前後兩次量測所蒐集到的數據，進行配對樣本的 T 檢驗（Paired-Samples T Test），其分析結果如表10所示。在11個題項的認知態度上的比較均有顯著的差異，在完成課程學習後的認知態度普遍高於學習前。表10認知前測、後測比較統計（n=32）。

**表10　認知前測、後測比較統計**

| | 前測-均值 | 後測-均值 | 顯著性 |
|---|---|---|---|
| 對組 1 | 3.50 | 4.44 | .000 |
| 對組 2 | 3.41 | 4.19 | .000 |
| 對組 3 | 3.41 | 4.41 | .000 |
| 對組 4 | 3.69 | 4.38 | .000 |
| 對組 5 | 3.28 | 4.47 | .000 |
| 對組 6 | 3.31 | 4.16 | .000 |
| 對組 7 | 3.44 | 4.41 | .000 |
| 對組 8 | 3.16 | 4.13 | .000 |

---

6　靜宜大學109年度教育部補助大學在地實踐社會責任計畫：建構幸福銀髮生態圈計畫設計問卷。

|  | 前測-均值 | 後測-均值 | 顯著性 |
|---|---|---|---|
| 對組 9 | 3.91 | 4.53 | .001 |
| 對組 10 | 3.59 | 4.38 | .000 |
| 對組 11 | 3.44 | 4.34 | .000 |

在前測時，也就是開始課程時，學生們對課程的認知主要來自於自身對該門課的理解，加上第一堂課老師對課程的介紹。當中得分最低的是第8項（均值3.16），顯示學生們普遍對於未來從事服務銀髮相關工作沒有太大興趣，或認為課程對於服務銀髮相關工作沒什麼幫助。反觀得分最高的是第9項（均值3.91），其突顯的是學生對於文案寫作課程能發揮的功能是好奇與期待的；這與第8項的結果恰好顯示的是，課程在「應用於高齡長者為服務對象或目標市場」的介紹或描述不足以讓學生理解到其與課程目標的關聯性。

同樣地，在後測時，第9項的得分（均值4.53）還是最高，這一方面表示學生對於該課程的設計與活動安排，有引發學生學習欲望。然而第8項的得分（均值4.13）還是最低，經隨機抽取數位學生進行非正式訪談後發現，學生普遍對於從事銀髮事業相關工作不感興趣，而對應用場域於文創或一般商業應用產生較高興趣。

如同前面段落，此處針對「學習動機」進行前測與後側的比較分析，其前測與後測的操作定義亦同前面段落所述。其調查題項共計16題（如下表11學習動機調查題項），當中第13至16題設定為反向題，亦即題目描述以反向方式來提問。

### 表11　學習動機調查題項

| | |
|---|---|
| 1. 這個課程或活動非常有趣 | |
| 2. 整個課程或活動令我感到愉快 | |
| 3. 參加這個課程或活動很好玩 | |
| 4. 當初決定參加時，覺得這個課程或活動蠻好玩的 | |
| 5. 參加這個課程或活動對我會產生一些好處 | 題項文獻來源參考 Guay, F., R. J. Vallerand, 2000 |
| 6. 因為我覺得這個課程或活動對我有幫助 | |
| 7. 是我自己個人決定要參加 | |
| 8. 我覺得這個活動對我很重要 | |
| 9. 因為這個課程有認列學分而參加活動 | |
| 10.這是我應該作的事情 | |

| 11.因為某種理由，我一定要來參加 | |
|---|---|
| 12.我覺得我一定得參加這個課程或活動 | |
| 13.參加這個活動對我有幫助，但是我看不出來 | |
| 14.我參加了課程或活動，但是我不知道值不值得 | |
| 15.不知道為什麼，我就來參加了 | |
| 16.雖然我參加了，但是我不確定我參加是好的 | |

在「學習動機」的前後兩次量測所蒐集到的數據進行配對樣本的 T 檢驗（Paired-Samples T Test），其分析結果如表12所示。在16個題項的學習動機上，僅有題項5至12的比較沒有顯著差異，其餘題項均呈現有顯著差異的現象。

### 表12　學習動機前測、後測比較統計

| | 前測-均值 | 後測-均值 | 顯著性 |
|---|---|---|---|
| 對組 1 | 3.63 | 4.47 | .000 |
| 對組 2 | 3.66 | 4.50 | .000 |
| 對組 3 | 3.84 | 4.47 | .000 |
| 對組 4 | 3.72 | 4.44 | .000 |
| 對組 5 | 4.38 | 4.50 | .379 |
| 對組 6 | 4.34 | 4.59 | .103 |
| 對組 7 | 4.25 | 4.50 | .103 |
| 對組 8 | 4.25 | 4.19 | .701 |
| 對組 9 | 3.97 | 4.13 | .325 |
| 對組 10 | 3.88 | 3.97 | .620 |
| 對組 11 | 3.78 | 3.94 | .455 |
| 對組 12 | 3.97 | 4.00 | .869 |
| 對組 13 | 2.63 | 1.59 | .000 |
| 對組 14 | 2.81 | 1.63 | .000 |
| 對組 15 | 2.47 | 1.44 | .000 |
| 對組 16 | 2.56 | 1.50 | .000 |

　　先就前測、後測的比較上沒有顯著差異的題項來討論，也就是題項5至12；學生們所預期課程能帶來一些好處（題項5與6）、重要的（題項8），或自願（題項7）、自主（題項11&12）選修的，或因課程有認列學分而修讀的（題項9），等八個題項沒有顯著差異。這表示學生們預期該課程所能學習到的一些課程目標或技能，可以被視為是前後一致的；對於該課程的重要性認知也是一致的；其當初選讀此課程的動機也是一致的。

　　在前測、後測的比較上產生顯著差異的題項來討論，先以題項1至4來看；對該課程認知是好玩的、有趣的、愉快的，其後測的得分均明顯高於前測。這可以被解釋為從課程學習中，其課程的有趣性與愉快性有所提升，高於學生當初的預期。此外就另一部分有顯著差異的題項（恰巧為反向題）來看，對於該課程是否有幫助或值得、選讀動機等疑慮。在後測的得分均顯著低於前測，這也就意謂這些選讀課程前的疑慮，在學習過程中得到釐清與明確了。前後測的16個題項其雙尾顯著性均大於0.05，也就是前後測這11個題項上的得分上沒有顯著差異。

　　本研究除了在前段落介紹到的學習前後的學習認知調查外，亦於課程結束後進行教學模式的評量，其評分方式如同前述調查使用李克特（Likert Scale）量表，其評量調查問項及平均得分如下表13教學模式評量表。

### 表13　教學模式評量表

| 題項 | 平均得分 |
| --- | --- |
| 1. 使用這個方式進行學習，我覺得比以前的教學更具有趣味性 | 4.33 |
| 2. 使用這個方式學習，我覺得它可以幫助我發現新的問題 | 4.29 |
| 3. 使用這個方式學習，我覺得能讓我用新的思考方式來看待觀察的事物 | 4.17 |
| 4. 我喜歡用這個方式學習 | 4.17 |
| 5. 希望其他科目也可以透過這個方式學習 | 4.05 |
| 6. 我希望以後還有機會可以使用這個方式進行學習 | 4.26 |
| 7. 我會推薦這個學習方式給其他同學 | 4.29 |

　　本次調查參與學生共42位，其中有31位女同學，11位男同學。針對題項2「使用這個方式學習，我覺得它可以幫助我發現新的問題」，採用獨立樣本 T 檢驗，進行檢測不同性別學生在發現新問題的能力上是否有顯著差異？其結果如下：

表14　性別在題項二之 T 檢驗

| 性別 | N | 平均數 | T 值 | 顯著性（P 值） |
|------|----|--------|-------|----------------|
| 女 | 31 | 4.13 | - | |
| 男 | 11 | 4.73 | 2.431 | 0.020 |

從上表14發現，女同學與男同學在學習方式的喜好程度上的平均得分，分別是4.13
與4.73。進一步檢視其雙尾顯著性 P 值為0.020，代表在發現新問題的能力上有顯著
差異，男同學的平均得分明顯高於女同學。本研究進一步與男同學進行訪談後發
現，選修該課程的男同學一般對於自選的選修課程，大多看重課程的實用功能，對
於課堂上所講授的知識點或技巧會更加關注與學習，這或許與男同學在未來畢業後
需要承擔更大的找工作的需求壓力有關。相較於女同學的學習態度而言，較看重的
則是課程是否有趣。

　　針對題項4「我喜歡用這個方式學習」，採用獨立樣本 T 檢驗，進行檢測不同性
別學生在學習方式的喜好上是否有顯著差異？其結果如下：

表15　性別在題項四之 T 檢驗

| 性別 | N | 平均數 | T 值 | 顯著性（P 值） |
|------|----|--------|-------|----------------|
| 女 | 31 | 4.16 | - | |
| 男 | 11 | 4.18 | 0.066 | 0.948 |

從上表15發現，女同學與男同學在學習方式的喜好程度上的平均得分，分別是4.16
與4.18。進一步檢視其雙尾顯著性 P 值為0.948，代表並無顯著差異。此外針對其他
題項，在 T 檢驗的結果中，在不同性別的平均得分上均顯示無顯著差異，故在此不
再贅述。

　　本課程設定四個質性問題之問卷，由問卷中表16的質性問題回覆同學填答結
果，可見同學對「文案寫作課程」已有收穫，也更加肯定結合場域與體驗實作的課
程之成效。

表16　質性問題回覆

| 1. 對於「文案」我本來知道 | 2. 對於「文案」我想知道 | 3. 對於「文案」我所學到 | 4. 請用二句話表達您參與此課程的收穫或感想是什麼？ |
|---|---|---|---|
| 廣告行銷或是日常生活都會出現的東西 | 如何從一個點下手 | 更深遠地看一個商品的價值 | 這學期的內容很豐富，不僅有去武鹿社區實際訪查，也有講師來教我們不一樣的實作課程。 |
| 都是一樣的形式的 | 如何展現 | 如何讓文案由繁長到精煉，文案如何吸引讀者，各個場合適應的文案 | 走進社區，課堂實作，可以說用很有趣的方式讓我吸收到很多東西，對文案寫作更加感興趣。 |
| 臉書廣告文 | 如何寫出好文案 | 各種方式和素材媒介 | 探索世界，多多學習。 |
| 商品文案 | 結合文創的可能性 | 可以與社區發展結合 | 透過此次課程，了解到文案不僅僅是侷限於商品，也可以與詩、與社區做結合。 |
| 是用文字宣傳的一個方法 | 如何寫出好的文案 | 寫文案的技巧及這種文案的類型 | 這是一堂很實用、對未來很有幫助的課程。 |
| 我本來不太清楚 | 怎麼做出好文案 | 如何寫文案 | 老師請了外面的講師教了我們許多課堂上學不到的知識。 |
| 商品的文字敘述 | 該著墨哪方面能更精進 | 該從哪方面下手 | 學到各方面的領域（新詩文案、影視文案）的技巧。 |
| 用有限篇幅來吸引顧客注意 | 文案內容還有哪些切入方面？（比如：感情、產品性質……） | 設計能符合產品特性的介紹文 | 這堂課除了實用方面，還有特別的課程（比如纏花），十分有趣。 |
| 類似於廣告 DM 的東西 | 做法、重點 | 做法、類別 | 知道了文案是什麼、怎麼寫會比較吸引人。 |
| 是種宣傳廣告的方式，比較「商業」性 | 如何運用中文系所學讓文案更吸睛，未來能否成為職業的可能性 | 寫作方式和技巧 | 很有趣豐富，文案並不呆板，相反，是擁有極大彈性與空間的一種形式。 |

| 1. 對於「文案」我本來知道 | 2. 對於「文案」我想知道 | 3. 對於「文案」我所學到 | 4. 請用二句話表達您參與此課程的收穫或感想是什麼？ |
|---|---|---|---|
| 是一個拍廣告或宣傳產品所需要的工作程序 | 如何寫出引人入勝的文案 | 如何寫出引人入勝的文案 | 增添了自己的想像力，能寫出別人的內心戲。 |
| 行銷創意 | 如何將商品設計得讓人喜歡 | 比原本想學的更多、更廣泛 | 學到很多實用知識。 |
| 一種文字作品 | 達成什麼作用 | 行銷文案的技巧 | 突破了中文系的框架、不再照本宣科能靈活運用。 |
| 創作廣告或宣傳商品時，會寫的文本，供廠商或消費者閱讀 | 如何把文案寫得更精簡並有傳達到意義 | 我學習到了如何寫好文案 | 這次的課程內容讓我學習到了文案的寫作技巧。 |
| 只有知道有這個東西 | 想知道寫的方法 | 學習到文案的書寫方法和各種類別，如何正確的抓住客群 | 透過這一次的課，我覺得自己為未來在選擇工作上的多元性增加了，學習到了如何研究客群並寫出最合適的文案。 |
| 寫廣告 | 如何寫出吸引人的文案 | 各種類型的文案及寫作技巧 | 這門課讓我了解到「廣告」的學問很深，也讓我學習到各種類型的文案及寫作技巧，謝謝老師這一學期的教導。 |
| 寫廣告文案，用於行銷，與文學不同 | 如何寫出一個好的文案 | 如何讓商品與文案結合，以及有哪些技巧可以用於寫文案 | 感謝老師教我們很多文案的寫作方式，還請業師來教我們，每堂課都收穫很多。 |
| 設計的一環，要簡潔、一目瞭然，可以跟圖像搭配 | 創作方向 | 創作方向、設定客群 | 有很多有趣的課堂，業師講課很有幫助。 |
| 沒有 | 電影 | 廣告是怎麼進行的 | 學習到很多，而且都是以後都能派上用場的技能。 |
| 可以吸引別人閱讀進而購買或使用的文章 | 如何讓文案更有內容夠有趣 | 寫作技巧 | 老師講解很認真，還有實作、外出參訪課程及業師演講！非常喜歡這種上課方式，學到了很多！ |

| 1. 對於「文案」我本來知道 | 2. 對於「文案」我想知道 | 3. 對於「文案」我所學到 | 4. 請用二句話表達您參與此課程的收穫或感想是什麼？ |
|---|---|---|---|
| 寫字吸引購買者 | 怎麼寫出好的文案 | 寫文案的流程和方法 | 我學到了很多。 |
| 商品介紹 | 更多的種類傳播方法和途徑 | 製作各種文案的方法 | <u>將系上所學實用化，讓知識有地方可以實用。</u> |
| 無 | 更多網路行銷的手法 | 學習到如何寫出令人有記憶點的好文案 | 上完這堂課我認為很有收穫，<u>不同於系上的課程，學習到的是課外的知識、生活上的技能。</u> |
| 文案充斥在生活中，廣告文案、行銷、社群小編都需要有文案寫作的能力 | 文案的寫作技巧，如何將文案寫得令人印象深刻 | 如何將圖文整合成為一個完整的文案，還有許多不同文案的內容 | 很有趣，很有收穫，是我<u>最喜歡的課程</u>！ |
| 廣告和傳單的內容 | 如何行銷 | 圖文合一的宣傳手法 | 好好利用自己的創意和想法。 |
| 應該不難 | 執行前怎麼做腳本或書面的準備 | 很多 | 收穫良多，請業師來上課的<u>內容甚是有趣。</u> |
| 無 | 概念 | 概念實作 | <u>從接觸到實作讓我學到很多。</u> |
| 就是商品需要的文字 | 更多如何面對消費者的寫作技巧 | 文案的格式，如何寫出基本的文案 | 老師非常用心的教導我們令我們受益良多（<u>我覺得老師上的比業師好很多，業師的部分其實沒有這麼需要</u>）。 |
| 大概就是用來宣傳商品的 | 如何撰寫各種文案 | 其實文案不只是宣傳產品的一種商業手段，其實裡面更能內含情感、想法等等的東西 | <u>能夠懂得文案的內容、撰寫的方法、不同的文案及表現方法。</u> |
| 推銷商品的文宣 | 如何跳脫框架擁有創意的想法 | 如何精準掌握文字以及受眾需求 | 擁有語文能力很重要，有創意的文字能夠吸引人，甚至改變內心想法。 |
| 行銷性文字 | 如何打動人心 | 精簡文字，強化主軸 | <u>多次更改跳脫思維，多方嘗試豐富內容。</u> |

| 1. 對於「文案」我本來知道 | 2. 對於「文案」我想知道 | 3. 對於「文案」我所學到 | 4. 請用二句話表達您參與此課程的收穫或感想是什麼? |
|---|---|---|---|
| 廣告 | 如何寫文案 | 怎麼用短短的句子吸引人 | 我一開始以為文案就是寫廣告,後來發現文案不只是寫廣告,還要寫得吸引人。 |
| 是一種能讓觀看的人了解所要表達的事物 | 怎樣能知道他人看完後能了解我想表達的 | 從不同的角度來看同一件事情,會發現許多沒關注過的點 | 微小的事也能發現閃光。 |
| 宣傳廣告的一些短語或是短文 | 怎麼撰寫各式文案 | 要寫出動人的故事,才有辦法打動人心;<u>參加彰化市政府性騷擾文案的文案設計受益良多</u>,十分感謝給我這個機會 | 雖然星期六的課沒參與到,整體還是受益良多,<u>讓我可以把文學應用在實際工作之中。</u> |
| 知道文案但不熟悉 | 如何將中文系所學運用到文案上面 | 更<u>了解到文案寫作跟中文系的寫作是有很大的不同</u>,文案需要較客觀,顧及到銷售對象,中文系寫作較主觀,抒發個人情緒。 | 懂得用最精鍊的文字,表達我要傳達的事物。 |
| 知道 | 對於未來就業相關 | 想一個文案需要用的角度及想法 | <u>學習到新的領域,也是一個很好的經驗。</u> |
| 大約知道 | 想知道怎麼製作出一份文案 | 怎麼製作出文案以及文案的定義概念 | <u>實作豐富</u>,課程生動。 |
| 一個活動或公文的底本和大綱 | 寫法和創作的靈感來源 | 推銷產品的方法和撰寫技術 | <u>覺得能到外面去參訪非常難能可貴,對於文案方面的知識收穫很大。</u> |
| 廣告文案 | 寫作的方法 | 寫作的方法、分類 | 老師的課受益良多,<u>很有趣。</u> |
| 如何寫作 | 製作流程 | 客群選定 | 讓我了解不同的行業。 |

由同學質性回饋表示**學到文案相關知識與技巧**，如：

1. 學習到如何寫出令人有記憶點的好文案。
2. 如何將圖文整合成為一個完整的文案，還有許多不同文案的內容、如何讓文案由繁長到精煉，文案如何吸引讀者，各個場合適應的文案。各種類型的文案及寫作技巧。
3. 做法、類別。
4. 這門課讓我了解到「廣告」的學問很深，也讓我學習到各種類型的文案及寫作技巧，謝謝老師這一學期的教導。
5. 知道了文案是什麼、怎麼寫會比較吸引人。

**如何多專注身邊事物：**

1. 從不同的角度來看同一件事情，會發現許多沒關注過的點。
2. 微小的事也能發現閃光。
3. 讓我了解不同的行業。
4. 學到很多實用知識。

**了解此課程與中文的關係及未來職場的連結性：**

1. 更了解到文案寫作跟中文系的寫作是有很大的不同，文案需要較客觀，顧及到銷售對象，中文系寫作較主觀，抒發個人情緒。
2. 將系上所學實用化，讓知識有地方可以實用。
3. 這是一堂很實用、對未來很有幫助的課程。
4. 透過這一次的課我覺得自己為未來在選擇工作上的多元性增加了，學習到了如何研究客群並寫出最合適的文案。

**感受體驗學習課程：**

1. 突破了中文系的框架、不再照本宣科能靈活運用。
2. 老師講解很認真，還有實作、外出參訪課程及外師演講！非常喜歡這種上課方式，學到了很多！
3. 上完這堂課我認為很有收穫，不同於系上的課程，學習到的是課外的知識、生活上的技能。
4. 從接觸到實作令我學到很多。

5. 走進社區，課堂實作，可以說用很有趣的方式讓我吸收到很多東西，對文案寫作更加感興趣。

6. 覺得能到外面去參訪非常難能可貴，對於文案方面的知識收穫很大。

7. 透過此次課程，了解到文案不僅僅是侷限於商品，也可以與詩與社區做結合。

8. 這堂課除了實用方面，還有特別的課程（比如纏花），十分有趣。

## 2　建議與省思

本研究除針對修課學生進行其「課程認知」的前測與後測的比較分析，分析結果如上述說明外。本課程因為強調體驗、實作，因此對於場域知識與文案知識的課堂教導顯得較為不夠深入，未來將於課前提供相關資料於網路平台，並要求學生自學，並於課堂上進行評量檢核，以確保學生完成自學，已奠基社區與文案基本相關先備知識。

本次課程要求學生既能完成社區文案，還有商品行銷文案，加以文案的纏花圖示創作。學生反應工項太多，致使常感時間緊迫，未來將調整課程內容項目，將改為項目減少，深度加強。

以下三點省思：

### （1）學生自學能力

課堂18週的時間，扣除實作的時間，能上課的時間有限，因此學生必須自學方能跟上進度。然而學生對於所提供的場域資料或是文案資料雖會閱讀，但是深入者不多，導致在討論時容易「依樣畫葫蘆」，把資料生搬硬套；比較靈活的同學則是「照貓畫虎」，把資料過度擴張連結，甚至離題討論。這對於自學所重視的精神，在於自主學習、深度思考較為欠缺。未來雖然會設計評量檢核，但重點不在檢核，而是如何讓自主學習的精神落實，將是努力的方向。

### （2）實作體驗設計

導入「體驗學習」與經濟管理領域的「體驗經濟」概念是實作的新嘗試。過去進入場域的方式，不外乎是業師教學、場域導覽等，學生的心裡常會當作是一場戶外活動或是小旅行而非課程。本次導入「體驗學習」與「體驗經濟」的概念學習，

是在學生進入場域之前建立起「體驗」的架構與邏輯，進一步應用在文案設計上，而不是一如過往的以輕鬆、休憩的心態忽略學習的意義。從教學結果來看，「體驗」概念雖有在學生心中萌芽，但是應用在學習成果上仍嫌不足，未來教學設計上仍有改善的空間。

其次，社區認同部分比例應再加強，應再多安排幾次社區人員與學生進行對話共學共長。畢竟學生必須先有認同感，而後願意協助社區。拍照技巧應教導，學生撰作了很棒的文案，然對於拍照技巧不嫻熟，以致拍不出作品的美感，殊為可惜。

### （3）文案聚焦顧客

「體驗經濟」的概念是從顧客的角度出發，分析顧客在服務「體驗」的四種模式；同樣的，文案設計也必須從顧客的角度出發，設計一份引起目標顧客能夠共鳴的文案。常見中文系的學生擁有豐富的情感與細膩的寫作能力，卻忽略了讀者要看什麼？文案的設計是需要針對目標群體的需求，而非一味地抒發自我內心的感受，這樣的寫作思維是許多中文系學生所欠缺。因此在課堂上，希望學生聚焦在目標顧客觀點進行換位思考，從學生的成果來看，文案寫作的品質確有達到本研究之教學目標。未來如何讓文案寫作力達到商業應用的標準，將是努力的方向。

本研究課程將「體驗學習」與「體驗經濟」概念導入「文案寫作」課程設計，並設計相對應思考引導工具表單，使學生的思想歷程可見。並將傳統工藝纏花加入行銷文案物件設計中，此舉除讓學生學習如何文圖整合外，也進行傳統技藝的傳承。以空間及課程進行改變，更以「切身體驗」與「跨領域」的思維改變昔日學習思考慣性，將教室拓展到了社區場域中，也培育學生具備協助社區發展的能力，進行了教學創新。

## 二 學習成效：具體成果

學生之學習成效與作品在武鹿社區舉行成果展，並將本課程執行過程剪輯為一支短片，供其他人參酌。此外為利於反思之進行，課程中亦安排教學助理定期書寫「課程記錄單」，也請組員輪流擔任觀察者，書寫「反思記錄表」在團隊進行討論過程，安排一位同學以客觀立場，觀察同學們互動的過程，也提出建議。以下針對本研究二門課程之具體成果進行說明。

## （一）文化創意與實務（108-1）

本研究藉由課程設計，帶領學生除文創相關知識與撰作技巧能力培養外，也能實際演練所學知識的真實運用，讓學生從知識參與者成為行動參與者。透過體驗學習、跨領域的整合學習，培養學生撰寫能力及社會參與經驗。此課程讓學生透過實踐，思考更多人文知識的連結與技能轉用，以驗證學生學習成效。

<u>專業認知方面</u>，經由一系列課程的教導，經過結合顯性與隱性的文創知識與相關實踐活動後，學生對於文創知識有所增加，由其文創作品可驗證。

<u>在學習過程中</u>，培養學生人際溝通、團隊合作等未來職場所需之能力，藉此引導學生思索日後職涯方向。<u>實務應用方面</u>，學生完成文創作品，埋下社會創新實踐的種子。<u>情感面</u>，建立學生與社區的人際網絡，也讓學生體會自己對社會能有所貢獻，激發其社會責任感。

本課程「文化創意與實務（108-1）」課程相關成果如表17所列，簡述如下：經由一系列課程的教導，經過結合顯性與隱性的文創知識與相關體驗實踐活動後，學生對於文創知識有所增加，由其文創作品可驗證。

### 表17　教學成果總表

| 開發新教材 | 新課程模組 | 開發創新教學評量 | 學生作品 | 社區改善 |
|---|---|---|---|---|
| 文創課程相關教材與影片 | 文創課程與社區合作的課程模組 | 知識論質化評量表 | 完成文創作品 | 社區活動中心空間美化 |

<u>本課程內容除加入體驗學習外，更與社區需求結合，共創新課程模組。此外，因應新的教學方式，本研究重新開發創新評量方式，透過質化與量化並重的方式，重新定義學生的學習成效。</u>對社區而言，學生作品放在社區展示，成為社區特色的一環，不僅達成社區美化的效果，也讓社區特色與眾不同。

本課程帶來的改變，如表18課程問題應對所示。

表18　課程問題應對[7]

|  | 過去作法 | 問題 | 現在作法 | 學生學習改變 |
|---|---|---|---|---|
| 課程內容 | 書本思考與想像 | 思考、創意侷限於想像 | 實務應用教學 | 學生的創意更為可見 |
| 上課方式 | 1.場域侷限教室<br>2.線性授課<br>3.單一教師授課 | 1.學生學習興趣低落<br>2.創意缺乏 | 1.多元場域，由教室到戶外<br>2.彈性授課<br>3.協同教學（業師、社區教師） | 1.學生學習意願提升<br>2.學習成果多樣化，學生創意獲得展現 |
| 學習狀況 | 1.同學反映離真實尚有距離<br>2.同學不確定是否習得文化創意相關知識 | 1.創意仍侷限於過往知識與網路資源<br>2.產出作品同質性高、差異小 | 1.真實場域體驗進行創意發揮<br>2.同學確實見證學習成效、更具信心 | 同學產出作品具個人獨特性，創意獲得實際發揮 |
| 評量機制 | 1.上課表現<br>2.成果呈現 | 成果為擬真或想像 | 1.真實文創作品製作<br>2.社區人員共同參與檢核 | 以質化和量化方式多元進行，真實顯現學生學習成效 |

　　本課程結合實作場域，讓「真實世界」就在眼前，不再是間接式學習，而是直接式體驗學習。讓學生了解，真實世界的創新，都是在有限條件下發生，創意可以無限，但是創新往往都是在資源限制下產生。本課程學習場域多元，不僅滿足學生對真實世界的探索與了解，以協同教學、彈性授課的方式，更激起學生學習的欲望，呈現多樣化的習成果。

---

7　同註4，頁94-95。

# 1 課程作品

## （1）藍染創意相框作品

設計概念：

　　藍染的部分，設計整體以荷花為主，輔以武鹿社區裡大宅上的圖騰花紋，綴在荷花的下方及兩側，將花朵包圍在中心，兩相結合的圖案。

相框部分則是將荷花以及武鹿的荷花池的相關元素——荷葉、蓮藕、花瓣、水等組合，與藍染上的荷花交織成一幅景色。

　　出淤泥而不染的荷花向來是我心頭所好。對我而言，荷花有一種獨特的吸引力，即便與滿池殘枝敗葉為伍，也依舊傲然挺立，那一點淡淡的粉色，格外搏人目光，宛如自帶氣場能將所處之地化為一方桃花源。

　　武鹿雖小，卻隱含許多寶藏，「是金子總會發光」，謹以此幅拙作祝願武鹿能似其中的荷花一般，暗香遠傳，生生不息永不沒落。

設計概念：

　　藉由「武鹿」二字之古字形象呈現武鹿建築古色古香之美。「武」字圓滑展現出人的純樸溫暖；「鹿」字則是以甲骨文象形之描寫，展現出自然環境之美好純淨。二者之結合象徵著人與環境共生共榮之美好景象。

　　相框上方兩側採用中式角花，與藍染之主題古文字之美相互結合，更體現作品之中國風元素。相框外圍則是以樹木作為搭配。同時，樹枝與鹿角之形象又有幾分相似，是鹿角亦是樹枝。此處則是植物與動物之結合，在搭配上人造物角花做映襯，再次體現出武鹿社區人與自然和諧共存之美。

## （2）協助社區裝飾牆面

原貌

改裝後

## （3）綁染文創作品

設計概念：

　　折扇在中國扇子中起源較晚，其重要性卻極大，因其攜帶方便、出入懷袖、扇面書畫、扇骨雕琢，為文人雅士寵愛之物，亦有「懷袖雅物」之美稱。

　　接續文創相框作品之理念，回歸傳統，將台灣傳統技藝藍染與中國傳統文物折扇做結合。扇子不僅僅只是工具，更是一樣極具價值的藝術品。手執一扇，或開或收，皆具人格表露，情緒交流之意。

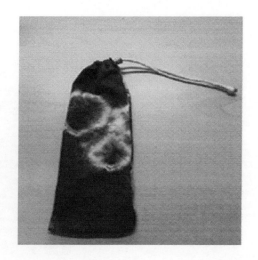

手提染文創材料包

## （4）課程作品集

## 2 教學創新作法

　　本課程透過多元場域體驗的教學策略，建構並統整知識，以啟發學生創造性思維，培育創意思考能力。課程內容包括理解層面的教學內容，介紹個案印證理論，讓學生經由討論、提問、交流、創作等方式，激盪學生的思考，訓練思辨與創意能力。此課程的意義不單在實作的結果呈現，而是在實作前的能力養成訓練，與過程的反思檢討，還有與社區的互動意義。

　　本課程由「文化」的認知開始，帶領同學認識「文化」、「創意」、「文化創意產業」。課程中以實際案例說明如何將文化創意與產業結合，並解說各式文創塑造及行銷手法。更以實際多元場域的切身體會，讓學生的文化創意發想可進行實踐。

## 3 課程記錄單

| 課程名稱 | 文化創意與實務 |
| --- | --- |
| 記錄者 | 邱偉倫 |
| 活動／工坊／演講名稱 | 藍染工坊 |
| 日期 | 2019/11/16 |
| 時間 | 09:10-16:00 |
| 地點 | 伯鐸134教室 |
| 課程老師／業師 | 汪淑珍老師／顏足貴老師、林瓊姿老師 |
| 參加人數 | 參與總人數：47人；<br>（上述總人數之中，參與學生：44人〔男生：22，女生：22〕） |
| 參與者 | 汪淑珍老師／武鹿社區顏足貴老師、林瓊姿老師、文化創意與實務課程學生。 |
| 活動／工坊／演講的目的 | 將上次工坊所製作的型染，以及本次工坊所另外發放一塊新的布，讓同學自行發揮創意製作綁染，最後經由老師的指導將兩塊布染色，完成藍染作品。 |
| 活動／工坊／演講內容描述 | 這次活動中，較多時間為實作，老師講解完藍染所需之材料、比例之後，同學們便開始與講師一同製作染液。每位同學將自己的型染作品及綁染作品逐一地進行染色，染布浸泡染液兩分鐘後拿起，晾乾後，經過充分上色，再依個人想要的顏色深淺反覆進行浸泡的動作。最後將自己的型染及綁染作品完全晾乾完成藍染作品，為下次工坊做好前置作業。 |

| 活動／工坊／演講執行成果 | 期末時將於武鹿社區活動中心二樓舉辦成果展，展現同學的創意與巧思。 |
|---|---|
| 小觀察大發現 | 活動很順利，同學們很認真的投入活動。<br>同學主動的幫忙講師製作染液。<br>活動過程中同學們互相合作、幫忙使得活動進行十分順利。 |
| 反思與檢討 | 在進行藍染過程中，由於每個人必須完成兩件作品，且每個人所需要進行的染色次數也不盡相同，所以過程中有些手忙腳亂，時間上也有些延宕。希望之後可以更好的掌控活動中每個環節的時間，避免類似狀況再次發生。 |

### 活動照片

說明：講師認真介紹藍染所需材料及染料製作比例

說明：講師解說同學作品藍染的顏色差異

說明：同學認真進行藍染

說明：同學互相合作，一同完成藍染作品

說明：同學們將染過的布晾乾、顯色

說明：同學們認真地「去糊」

說明：同學們多姿的綁染作品

說明：同學將未乾的作品用熨斗熨乾

說明：同學們拿著自己綁染作品合照

說明：同學們拿著自己型染作品合照

| 課程名稱 | 文化創意與實務 |
|---|---|
| 記錄者 | 邱偉倫 |
| 活動／工坊／名稱 | 成果發表 |
| 日期 | 2020/01/03 |
| 時間 | 10:10~12:30 |
| 地點 | 武鹿社區發展協會二樓活動中心 |
| 課程老師／業師 | 汪淑珍老師、顏足貴老師、廖啓旭老師 |
| 參加人數 | 參與總人數：60人；（社區志工10人）<br>（上述總人數之中，參與學生：47人〔男生：22，女生：25〕） |
| 參與者 | 顏足貴老師、汪淑珍老師、社區志工、廖啓旭老師、文化創意與實務課程學生。 |
| 活動／工坊／演講的目的 | 每位同學的藍染作品已佈置於武鹿社區發展協會活動中心二樓牆面，本日請各組同學進行提報，向所有的社區志工、同學、老師，說明該組成員文創作品的創意、設計理念及進行過程所遇之困難與收穫。 |

| 活動／工坊／演講<br>內容描述 | 這次活動是針對本學期課程成果的展示與說明。<u>許多同學第一次離開校園至社區進行提報，顯得格外興奮</u>。活動中同學依序上台報告，呈現自己的作品以及整個學期的努力。<u>整個活動反應非常熱烈，台下同學也給予台上報告的組別十足的反應，讓這學期的最後一堂課在歡樂且輕鬆的氛圍下圓滿落幕。</u> |
|---|---|
| 活動／工坊／演講<br>執行成果 | 於武鹿社區活動中心的二樓舉辦成果展，同學們充分展現各自的創意與巧思。 |
| 小觀察大發現 | 活動很順利，同學們很認真的投入活動。<br>同學主動的向報告組別進行提問。 |
| 反思與檢討 | 在最後活動接近尾聲時，由於事先沒有和遊覽車公司協調好時間，使得同學們無法慢慢地享用午餐，只能趕緊的回到車上。之後應該要提早確認好遊覽車的時間，以避免相同情況發生。 |

### 活動照片

說明：同學們熱情回應

說明：同學們認真提報

說明：老師針對同學提報進行補充說明

說明：同學們認真聆聽台上同學報告

說明：同學講解如何將想法融入作品

說明：台下同學進行提問

說明：同學協助調整成果展物件

說明：學生作品展示

說明：同學認真介紹自己的作品

說明：同學詳細說明作品的設計理念

## 4　課程執行過程相關影片

## （二）文案寫作（109-1）

## 1　課程作品

## （1）作品集

**（2）商品行銷文案**

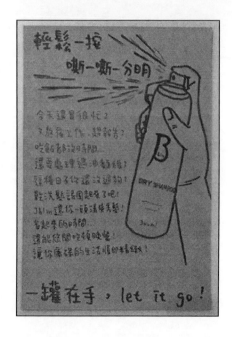

## （3）武鹿社區行銷文案

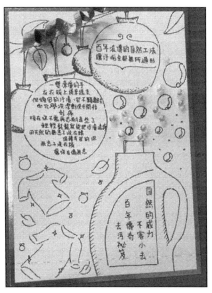

**（4）成果展**

## 2 教學創新作法

　　本課程「文案寫作」除強調大學生社會責任與區域的連結外，更加強調學生體驗、思考歷程與跨領域資訊的融入。本次課程亦融入傳統技藝纏花，藉此完成傳統技藝的認知與傳承。教學過程中，不僅觀看學生撰作成果，更希冀能使學生思考歷程可見，也讓學生更清楚自己的思考歷程，此將有助於日後撰作各式文案，也培養就業即戰力。

　　本課程合作之場域為「武鹿社區」，課程中實際帶領學生踏查武鹿社區，並請協會志工分組進行導覽，更在課程中安排志工接受學生採訪。讓學生實際了解武鹿社區的需求——希望行銷武鹿社區。課程中結合學生與社區人們共同發想、合作，並發揮學生的創意與文案能力，為武鹿社區完成專屬武鹿社區的行銷文案作品。

## 3　課程記錄單

| 課程名稱 | 文案寫作 |
| --- | --- |
| 記錄者 | 姜宜均 |
| 活動／工坊／演講名稱 | 認識社區——武鹿社區場域踏查 |
| 日期 | 2020/10/07 |
| 時間 | 15:00-17:00 |
| 地點 | 清水武鹿社區 |
| 課程老師／業師 | 汪淑珍老師 |
| 參加人數 | 參與總人數：67人；<br>（上述總人數之中，參與學生：62人〔男生：18，女生：44〕） |
| 參與者 | 汪淑珍老師、社區發展協會總幹事陳木村先生、志工隊黃壁鳳副隊長、志工卓清彬先生、志工陳昭志先生以及修課同學 |
| 活動／工坊／演講的目的 | 透過親臨社區踏查，與場域親自接觸了解，讓學生更能夠依照該社區特色進行文案的書寫，並且觀察社區發展所需及感受農業為主的生活目前遇到何種瓶頸，提供自身能力協助、回饋社會。 |
| 活動／工坊／演講內容描述 | 本次場域踏查因人數眾多，且武鹿社區分為南北社區，故將學生分隊進行導覽。過程中以徒步環顧社區，不僅介紹許多與白鷺鷥相關的地景藝術，還有傳統醬油產業的保留與即將再生的面貌，更介紹許多社區中的主要產業作物，如韭黃的生產過程、無患子等；也有如傳統閩式三合院的構造以及全台唯二無地基土地公廟等建築的介紹。在踏查過程中也感受到武鹿社區風較大，是因海風吹拂，而社區中更能在大排水溝與河流交界的地方遙見出海口的風車。在地方信仰上，社區內的開化宮祭祀主神為延平郡王。 |
| 活動／工坊／演講執行成果 | 在社區參訪後，學生以觀察到的人事地物等為主題，撰寫出一份文案內容。 |
| 小觀察大發現 | 人：志工介紹時非常仔細，學生也都認真聽講與發問，對農業生活中許多事物能有更深入的了解。 |

| | |
|---|---|
| | 事：社區中有許多地景藝術與彩繪藝術等，皆能吸引學生對此社區的好奇，也能藉此了解社區特色。<br>地：現今都市較少見到三合院，社區內有仍在居住的三合院，以及將舊式建築保留，並注入彩繪藝術的園地。<br>物：社區內仍保留著傳統醬油產業中百年的醬油桶。 |
| 反思與檢討 | 活動進行順利，但在時間控管上太為緊湊，且因人數眾多，分隊進行隊伍仍稍嫌太長，此類型活動，可能需再因應人數作定點停留介紹等他種方式進行。 |

### 活動照片

說明：遊覽車上社區幹事簡介場域特色

說明：同學跟隨志工進行踏查

說明：志工熱情介紹社區

說明：社區內相關植物介紹

| 說明：韭黃清洗、包裝過程 | 說明：社區營造的歷史記錄 |

| 說明：社區內廟宇介紹 | 說明：閩式三合院介紹 |

| 課程名稱 | 文案寫作 |
| --- | --- |
| 記錄者 | 姜宜均 |
| 活動／工坊／演講名稱 | 網路文案撰寫技巧工坊——吸睛文案寫作 |
| 2020 | 2020/10/31 |
| 時間 | 09:00-16:00 |
| 地點 | 靜宜大學伯鐸136 |
| 課程老師／業師 | 汪淑珍老師／業師鄭緯筌老師 |
| 參加人數 | 參與總人數：64人；<br>（上述總人數之中，參與學生：62人〔男生：18，女生：44〕） |
| 參與者 | 汪淑珍老師、業師鄭緯筌老師以及修課同學 |

| 活動／工坊／演講<br>的目的 | 經由業師指導，將原先課堂以小組為單位準備好的商品文案題材，轉化成網路文案的形式，並透過小組討論與上台報告，讓同學對於網路文案的操作更為熟悉與了解。 |
| --- | --- |
| 活動／工坊／演講<br>內容描述 | 本次工坊，業師先以寫作方針切入指導，如文字的使用面向、文案的思維邏輯，以及如何將生活觀察與網路文案寫作結合等，使同學參與回答的過程中，逐一理解文案產生的過程並非枯燥無聊，而是與生活緊密且活潑有趣。<br>課程中也提供許多寫作方法，建構出各式不同的文案內文；也提及「受眾」於文案中的重要性，提供如換位思考等多元的切入點，以貼近及理解受眾與文案寫作者之間的連結。<br><u>最後以實際書寫網路文案並上台報告，讓同學經由實作獲得更多建議。</u> |
| 活動／工坊／演講<br>執行成果 | 於工坊中，各小組可用不同的行銷策略，完成網路文案的撰作，且透過上台分享，彼此交流。 |
| 小觀察大發現 | 人：業師與學生互動時，有學生踴躍分享自己對於網路文案的看法；亦有同學於課後與業師討論如何書寫能使文案更具吸引力。<br>事：於上台報告時，有小組展示以便利貼等不同媒材組合呈現所描述的物件，不僅有文字，也讓整體文案更為豐富。<br>物：業師以 PPT 教導文案寫作的思路重點。 |
| 反思與檢討 | 雖然工坊順利進行，但教室較不適合分組討論，未來上課地點可尋找適合討論的空間。 |

| 活動照片 |
| --- |

說明：小組上台報告，業師給予回饋　　　說明：學生向業師請教其小組練習成果

說明：學生努力練習文案撰寫

說明：實際演練文案書寫

說明：努力思索文案如何撰寫

說明：學生認真聽講

說明：業師介紹文案中有效的內容策略

說明：業師於討論時間回答學生問題

| 說明：小組上台報告其設計的網路文案 | 說明：學生請教業師文案相關問題 |

## 4 課程執行過程相關影片

# 伍　創新及貢獻

## 一　教學理論創新與貢獻

　　本學術研究創新部分為創發融入體驗學習之中文系實務課程之創新課程模組。提出相對應之教學理論與檢核方式，設計知識論評量工具表單。本研究對於教學理論的創新與貢獻如下：

　　「文化創意與實務（108-1）」課程研究，建構一個與社區合作的體驗學習文創課程模組，並以知識管理的理論，進行課程執行成效檢核。探討學生是否藉此學習模式形成其知識系統，以驗證文創課與社區體驗結合的創新課程模組，對於學生的學習成效之意義。

　　知識信念發展的相關研究，早期研究多以哲學為切入點，直到 Hofer 與 Pintrich（1997）針對相關研究以知識的本質、獲得知識的本質、教與學的本質及智能的本質等四個向度作為分類依據，對於獲得知識的來源，由權威獲得發展到由推理引出，誘發了對知識論多面向之研究。Nonaka 和 Takeuchi（1995）研究日本公司所進行的知識創造，在他們的研究中，知識轉換的過程，也就是內隱與外顯知識間的互動過程。這種知識轉換的過程大致上可分為四種模式：一、共同化（socialization）、二、外化（externalization）、三、結合（combination）、四、內化（internalization）[1]，其點出知識轉換的過程，並未提出有效的檢核機制與方法，本研究透過自製質性知識論檢核評量表，將知識管理理論的循環落實。

　　「文化創意與實務（108-1）」課程以「體驗學習」、「知識論」為理論基礎輔以行動研究，針對本課程，創新設計知識論學習評量工具表單。結果可見成效卓著。驗證學生專業認知方面，對於文創知識有所增加。在學習過程中，也培養了學生未來職場所需之能力。

　　「文案寫作（109-1）」課程研究，以「體驗學習」、「體驗經濟」為理論基礎，輔以行動研究，探討是否能培養學生的文案力？提升學生對本課程的認知程度並提升其學習動機。

---

1　林秋靜：〈知識管理的核心理念及作法〉，《飛訊》第43期（2006年3月），頁8。

　　靜宜大學學生，學習風格為行動型、感官型、視覺型，因此有體驗的課程，應較符合學生期待。但是對於中文系的學生而言，受限於學生特質與屬性不同，體驗學習的歷程必須將學生特質因素納入以進行調整。

　　本研究提出看法為，靜宜大學中文系的學生，善於思考、熱愛文學，也易沉溺於文本世界中，對於與人的接觸較不擅長、甚至也不樂意，相對也較缺乏自信心。因此體驗課程的操作，必須在協助上更加著力，無論是知識上、心態上、技術上，尤其是在其心理部分。因此在「體驗學習循環」的四階段「體驗」、「反思」、「延伸思考」、「應用」。宜在實際體驗前，先備知識的增進與心態上的準備，都須進行增強建構。此外，體驗、反思後，宜再次進行體驗加上反思，有了二次體驗，對於學生將能啟發其進行更深層的思考與行動力。因為第一次的體驗屬初次，沒經驗，也充滿陌生感，無論心態上或情感上皆未完全適應，有了第一次體驗，將感受到體驗帶來的真實體會，並能確信「實踐」並不難，心中障礙跨過，將能以更周全的準備，進行第二次體驗，相對有了第二次體驗，學習效果將更好，因此在體驗學習過程中，必須先經過二次體驗（可以是相同或不同活動規劃）後再進行延伸思考，而後再進行應用實踐，將帶來更佳之成效。本研究對於體驗學習理論增加了學生特質因素的考量調整後，提出「針對中文系學生改良式體驗學習循環」，如圖1所示。

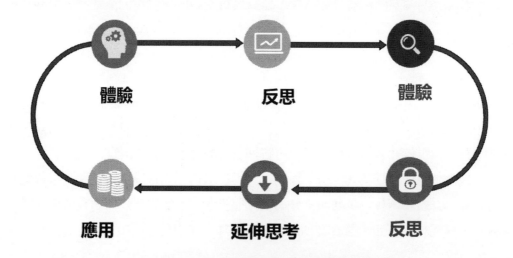

**圖1　針對中文系學生改良式體驗學習循環**

　　文學系的學生相對個性較為內向，另一層面顯示的即是較不具自信心，懼於與人接觸。在體驗學習課程中，教師須運用工具表單與提問技巧，試著引導學生將自己的創作與實際社會、具體對象產生對話，而不再是往昔習慣的自說自話，沉浸在

自己的世界裡做論述與發揮。此也將是文學系學生跨出書本世界的第一步，更是與真實世界接軌的一大步。在體驗學習進行時，老師也須透過各方面的策略讓學生建立自信心。

「體驗經濟」概念的導入，讓學生在創作前提即有商業思維，作品將不再沒有設定目標對象與價值理念提出之前置想法，有了這些前置準備再進行創作，所創作之成品，將更具應用價值，相對也較能為世所用，其價值性亦將易於展現。學生也更能看見文學產生的力量。

潘世尊提及「研究者若能配合研究報告之撰寫進行行動後的反省將更能釐清自我先前行動與反省之內涵及具支配力量之價值觀，從而更為清楚地呈現研究之歷程與重要內涵，並且能讓整份研究報告更具 Winter 與 Badley（2007）所強調之『反省性』特質。再者，研究者也可從中將自我所從事之重要實務活動及其意涵加以彙整、歸納及論述，從而更加增進研究報告之透明度與啟發性。」[2] 因此，本研究針對「體驗學習循環」的四階段——「體驗」、「反思」、「延伸思考」、「應用」進行補充與建議。

## （一）體驗

1. 運用體驗學習於中文系實務課程時，教師要有清楚的教學目標與教學策略給予引導。宜先告知學生體驗活動之目的，並提供有脈絡與順序之逐步引導，以利於運用體驗學習時，能有效促進學生反思，及蒐整相關創作素材。
2. 宜運用分組方式進行，以利於小組合作學習。此外，進行與社區合作之體驗學習課程時，與社區的事前溝通協調相當重要，學生進入場域前，須安排適當人數之導覽人員與安排踏查路線。

## （二）反思

1. 學生進行體驗課程時，應適時給予回饋機會，包括活動前準備情形、體驗活動、分享，並適時提供同儕經驗分享。
2. 老師需提供更多元的教學策略與評量方式，以利於教學效能的提升。

---

2　潘世尊：〈論行動研究論文審查上的一些問題〉，《當代教育研究》第19卷第4期（2011年12月），頁62。

## （三）延伸思考

1. 為使體驗學習能轉化為具體成果，須將學習過程步驟化，體驗、觀察、感受、分享、反思以利成品之完整與高質量。
2. 教學中須安排足夠時間，讓學生思考與學習，宜規劃階段性反思，以利學生改善再前進，讓學生在體驗學習中思考，在思考中創作。
3. 針對小組合作學習部分，須加強小組合作方式的引導、練習，並提供適當的協助，如課程助理的輔助、課程相關影片的錄製，以助於其自學。
4. 課程中亦應增加團體討論、檢討及分享的時間，讓同學們意見有充分時間進行交流分享。

## （四）應用

1. 為鼓勵學生更加用心創作，可利用競賽方式，並給予獎勵。
2. 課程應結合社會資源，更能有效提升教學效能。
3. 課程執行前、中、後皆可與不同領域之教師們討論、互協，更能豐富課程。

## 二 教學實務創新與貢獻

阿德勒個體心理學中自卑理論，即點出自卑、缺乏自信是每個人與生俱來的特質。

> 對於自卑感，阿德勒認為，自卑感即是「對客觀事件的主觀負面認知」。在人生的歷程中，皆會經歷到自卑感……重點並非個體擁有自卑感，而是個體如何運用其自卑感。自卑感可說是人類整體文明的驅動力。當個體面臨到自卑感時，其為了擺脫自卑感所帶來之負向感受，個體會努力克服自卑感，追求其所訂定之卓越，朝向發展、成就及補償目標的方向前進。因此，個體透過追求優越目標之補償行為，進而克服自卑感。若個體具有勇氣及社會情懷，則會朝向健康、正向及朝向社會有益之補償行為來克服自卑感，……然而，若其缺乏勇氣、社會情懷，則個體可能朝向錯誤及對生命無益之補償行為來克服自卑感，則可能發展出自我中心、不利於社會等生活型態。[3]

---

3 張慧嬋、葉人菘：〈以阿德勒自卑理論觀點探究《霍爾的移動城堡》中的霍爾〉，《諮商與輔導》第388期（2018年4月），頁17。

如何看待自己缺乏自信與自卑的心態相當重要。因此，教師如何在課程中建立學生的自信心，如何將缺乏自信、自卑轉化為前進的動力。讓學生有小成功可完成不錯的作品，以證明自己是有改變的能力。此將牽引學生學習態度的轉變，因為感受自己有能力、有作為，也將朝文學可為我用，為社會務實貢獻盡力。本研究課程中將任務拆解為階段性，一來降低學習門檻，二來提高完成率，學生也較易產生完成的成就感與自信心。本研究實務面創新與貢獻如下：

## （一）學生面

1. 應用體驗學習模式所設計之「文化創意與實務（108-1）」課程，有效增進學生文創力；「文案寫作（109-1）」課程，增進學生文案力。學生對「文創」、「文案」概念從模糊變清晰，也更了解其定義與確切之內涵，部分學生更能完整掌握其創作／撰作之技巧。

2. 應用體驗學習，能促使學生學習動機提高，亦達成強化其運用多媒體、數位學習等各式資源之能力。

3. 體驗學習能提升學生對課程認知度。

4. 以寓教於樂結合社區的體驗學習教學策略設計，有助於體驗學習的進行，能提升學生學習興趣。有助於學生學會關懷他人，啟發其同理心、關懷情，更促進學生了解社區文化，進而產生認同感。

5. 可看出學生在教學歷程中的轉變，對學習更有興趣、更加主動、也更願意與他人合作與溝通。

## （二）教師面

1. 此次教學行動研究，有助於提升教師個人專業能力。

2. 提出體驗學習融入中文系實務課程之設計與傳統課程規劃方式之不同，以利於提升學生學習動機與對課程之認同。

3. 提出體驗學習融入中文系實務課程設計規劃之原則，作為未來屬性雷同之課程參考。

4. 提供教師體驗學習融入中文系實務課程之相關評量準則，及工具應用表單。

5. 針對同在靜宜大學中國文學系任教之教師，提供一個面對同樣教學困境的體驗學習創新課程模組，讓老師們可依循，以改善文史課程教學現場的窘境，突破現存教學困境。

6. 此創新課程研究結果，亦可將其影響擴散至校外文史哲相關課程之教師。藉此，共同改善文史哲相關科系面對之教學問題。

## （三）社區面

同學們於文創課、文案課之作品提供給台中清水武鹿社區進行運用。

# 三　綜論教學創新與貢獻

| （一）創新 | | | |
|---|---|---|---|
| 1. 彈性課程開設──微學分 | | | |
| 2. 創新課程開設──數位人文課程 | | | |
| 3. 創新教材研發 | | | |
| （1）自編教科書與教材　　（2）磨課師課程　　（3）創發評量工具 | | | |
| （4）創發工具表單　　　　（5）創新教學模組 | | | |
| （二）貢獻 | | | |
| 1. 學生面 | 2. 教師面 | 3. 學校面 | 4. 個人面 |
| （1）產學合作引領<br>（2）證照／競賽輔導取得<br>（3）學生社群培力擴散效益 | （1）組織教師社群帶領教師共同創新教學<br>（2）連結各系教師合開微學分 | 建立學校與場域的友善關係 | 個人特殊事蹟與貢獻 |

## （一）創新

### 1　彈性課程開設──微學分

### （1）「故事創作力」微學分（106-1）

「故事力」是現代人必備的能力之一。每個人都應該將寫故事、說故事內化個人核心能力。本課程將教導學生認識故事力的重要、如何找故事、寫故事、說故事的方法。認識好故事的元素和媒介運用方式，並進行實際演練如何衍化古典作品創

作新故事、文創中的故事如何創造及如何結合視覺設計創造故事行銷。

　　* 本課程主軸為「培養故事創作力」。

　　* 特色為融合閱讀理解與進行實際故事創作、故事行銷演練教學。

## A. 課程作品

### a. 學生特色成果集

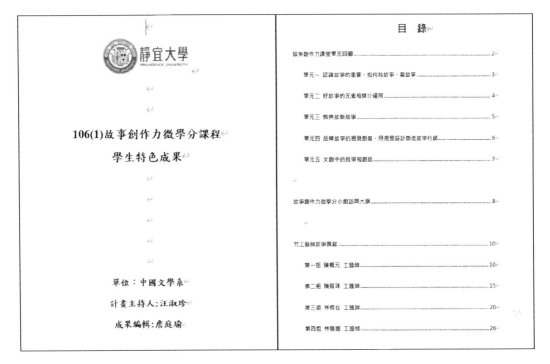

### b. 行銷故事創作

## 〈六十歲開始的學習──竹藝師父陳概源〉

中二 A 李聿

### 民宅裡的工作室

　　「德喜家啦！」頭髮半白，但背挺的比年輕人都直，身著簡單的黃色汗衫及黑色長褲，今年已過八十歲的陳概源老師熱情歡迎人們參訪他的「竹藝工作室」，說是工作室，其實就是一般的住家，沒有輝煌的裝修或擺放專業的機器，隱身在巷弄民宅裡的這間工作室，跟它左右兩邊的鄰居一樣不起眼，只有隨意擺放在摩托車上的一大綑竹枝，留下老師工作的蹤跡。

仔細一看，整面靠牆的木質櫃子裡，林林總總的竹編花瓶，包包整齊的用塑膠袋包好，擺放其中，而摩托車後方的紙箱裡，也堆放著不一的竹編作品，還有更多放不下的，被堆到櫃子上方擺飾，全部加起來大概也有五十幾樣了。

## 竹子的學問

老師雖然六十幾歲才開始做竹子，但到現在，老師已經做竹子二十幾年了，年輕的老師在各地開大型連結車，後來晚年罹患了口腔癌，才搬回從小的家鄉竹山鎮，「就是這裡啊，有沒有覺得怪怪的，那時候開的刀可大了」，他毫不介意仰著脖子，手沿著嘴巴到咽喉處劃下，一條醒目，蜈蚣似長長的淡褐色傷疤清晰可見，「後來就退休了，之後，人總是要找點興趣阿！沒有就培養。」所以六十幾歲的陳概源老師就開始參加竹藝培訓課程，這一學就是二十幾年，從半年的基礎練習到自己摸索創作，毫不間斷，若問起他有沒有遇到過什麼困難，他也只是輕描淡寫的說「就一整天都在想要怎麼做，半夜還睡不著起來做花瓶到天亮，然後就會了，到現在也還是啊！」

## 作品的重量

「與竹子的關係好比人與人之間，了解它就能善用它。」老師的作品相當多樣式，質樸的小跨肩包及各式花樣的花瓶等，陳概源老師都會根據它們或直或彎的特性，充分展現竹子不同的特質，老師卻從不輕易賣出他的作品，「我只送人啦！」他笑瞇瞇的說起，他曾送給兒媳婦一個肩背包，她卻背到快破掉了還捨不得丟，害他看了心疼趕緊再做一個給她，參展也是如此，對自己作品極為在乎的陳概源老師，只願意將他花費大量時間、心血製作的成品，交付給他所信任之人，從半百的年紀才開始踏上這條不歸路的陳概源老師，問起他要做到什麼時候時，他輕淺一笑，「做到不能作為止。」

## 〈七十〉

中二B 劉宥辰

七十歲能做什麼呢？七十歲可以做的事情有什麼？在人的一生當中，到了七十歲就代表著人生進入最後一個階段，大多數的人所想到的七十歲不外乎就是退休、含飴弄孫以及養老，而陳概源老師用行動告訴世人，七十歲能做的事情，還多著呢！對於概源老師而言，七十歲正是適合大放異彩的黃金階段！

　　陳老師在晚年患了癌症，脖子被開了刀，之後便來到竹山學做竹編，一學就是二十幾年，從一開始最基礎的基本練習到後來自己構想、創作，毫不間斷，他靠著對自己的堅持逐步完成每一份作品，就像老師的名言：「別人做得到的，你也可以做到！」看著竹片被紮實的堆疊、編織，在陳師傅的巧手下逐漸成為一個個美麗而又樸質的作品，陳師傅做包包、做花瓶、也做籃子，甚至編織過時鐘，師傅說：「什麼事情都能做，就看你有沒有想要做」，每一片竹子在他的眼中都有著可以善用的價值，就像他對生命的期許，每一件事情都可以發揮到盡善盡美，端看你的熱忱夠不夠充足，對自己的人生夠不夠努力。

　　陳概源老師的七十歲，是用竹片編成的，也是用情分製成的，他的作品不輕易賣給別人，只願意送給親近的家人及朋友，以無價的藝術交換美好的情份，他的七十歲堅實而又甜美，就像飽滿的柑橘，在人生的枝樹上發出澄澄色彩。

## c. 故事月曆

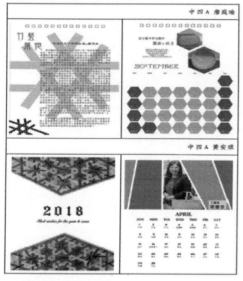

### d. 漢字文創編輯設計

## B. 教學創新作法

本課程培養「可轉用技能」——故事力。所謂「可轉用技能」，指的是一套可適用於多種領域的技術能力，不會因為職業領域以及工作內容的轉變而失去效用與價值。讓學生實際演練如何將人文、藝術、資訊進行結合創作。完成故事撰寫、故事月曆編輯設計、漢字文創海報設計之特色成果。並帶領學生進行移地教學，讓學生有機會實踐並運用人文科學的專業知識，相信此對大學生未來就業有著一定的幫助。課程中，同學們互相交流、學習，透過實作課程，以激發學生學習興趣。

## C. 課程反思及回饋

本課程讓學生以南投四位工藝師為對象，進行採訪、拍照並撰寫工藝師故事。而後將故事、照片結合資訊運用能力完成月曆製作。當代管理大師阿里·德赫斯說：「擁有比你的競爭對手學習更快的能力，或許是唯一可持續的競爭優勢」[4] 本課程希望及早培養學生數位編輯能力。

此課程進行過程中，與「uStory 有故事股份有限公司」簽訂一產學合作案「台中觀光產業故事行銷——專書採錄」帶領本課程中12位同學，利用6個月時間完成台中十九家產業故事撰作之專書。在這次教學實踐中，我驗證了教學與社會結合並將學生學習成效實際以成品呈現，也調整了教學僅限於課堂上的傳統做法，建立了協同教學、做中學、學校社會相鏈結的價值性觀點。

未來在進行微學分課程前，應先擬定問卷的問題方向，如此才可進行更具準確度之教學實踐研究。此外，同學們的建議：可以讓同學多有一些上台的機會。希望能有更多實際操作。

業師針對此課程提出建議，林育如老師建議「時數可以長一些，多一些不同課程！」徐千舜老師建議：「由設計面來說，其實會牽涉到很多的層面。例如造型、字學、色彩學、排版與創意思考等，若能再多點時間與同學們討論並教導，定會更棒！」

---

4　黃夏成著：〈第一部　培養孩子主動進食心智食物的能力〉，《自學時代：找回學習的動機與主權，成為自己和孩子的最佳教練》（台北：圓神出版社，2016年8月），頁56。

## 本課程學習成效

| 質化方面 | 認識故事力的重要、如何找故事、如何寫故事、說故事的方法。認識好故事的元素和媒介運用方式，並進行實際演練如何衍化古典作品創作新故事、文創中的故事如何創造及如何結合視覺設計創造故事行銷。 |
|---|---|
| 量化方面 | <ul><li>完成工藝師故事24篇</li><li>小組採訪大綱4篇</li><li>故事月曆編輯設計作品27篇</li><li>漢字文創編輯設計作品19篇</li><li>與「uStory 有故事股份有限公司」簽訂一產學合作案「台中觀光產業故事行銷──專書採錄」10萬元</li></ul> |

　　每單元利用問卷調查的方式，進行成效檢核。問卷構面分三方面：一為認知學習效能部分；二為情意學習效能部分；三為技能學習效能部分。由問卷中，同學的回饋可知同學相當有收穫，如：

　1.讓我明白生活中不論什麼事物，<u>只要我們用心都可以為其寫出好的故事。</u>

2. 此次業師來訪，<u>不僅學習如何寫出一個動人的故事、採訪的技巧</u>，也能了解社會大環境的面向，受用無窮。

3. <u>這幾節課讓我學會了如何去採訪、採訪前的準備、採訪時的注意事項、拜訪後要如何整理文檔等等</u>。雖然拜訪時候遇到了很多的困難，最大的當然是語言上的溝通障礙，但老師的心意真的感受到了，在之後老師還在 LINE 發了照片和影片繼續和我們保持了聯繫，老師的用心良苦，讓我備受感動。也深刻體會到了老師想要傳達給我們的興趣和堅持。

4. 修故事力的課程我希望可以學會怎麼寫出好的商品或品牌故事，很謝謝老師邀請厲害的記者老師來分享，<u>課堂上學到了一些採訪的小技巧</u>，聽了老師的採訪實例，覺得這個工作有趣也有挑戰性，尤其每一位受訪者的性質都不太一樣，要如何根據他們的個性和回答，調整我們問話的方向，或者怎麼去做引導，這些都是學習經驗的累積。我很期待接下來的課程，<u>也希望自己能嘗試看看這一方面的工作</u>，試探一下自己是否適合。

5. <u>第一次修不是課本上的東西，而是在生活中可以遇見用到的，覺得可以激發自己的寫作創意和練習寫故事的能力，很棒</u>！

6. 此課程能<u>幫助我提升寫故事的能力</u>，從傳統文化經典文學中找尋創意設計的閃光點。

7. 學習到<u>如何結合古典文學創新。</u>

8. 幫助了解<u>如何增加創作靈感來源。</u>

9. 感謝老師<u>將古文與應用結合，讓所學可以與生活結合</u>。

10. 老師很用心也很細心的教導我們，學到很多。

11. 老師<u>授課方式很活潑，且實務經驗非常充足</u>，讓學生在這堂課一次學到很多

12. 收穫良多，但可惜授課時間較短。

13. 如果上課時間更長一點就好了。

14. 希望能<u>再開其他種類的類似課程。</u>

15. <u>學習了很多軟件的用法</u>！很實用！

16. 希望課程時間可以長一點。

17. 千舜老師及她的兩位助手非常優秀且有熱忱，上課不枯燥，所學也非常有趣有用，<u>在她們的解說中，上機操作也能更容易吸收了解。</u>

18. 此門課程能讓自己的<u>學習更多元化</u>。

## D. 課程照片紀錄

老師說明撰寫故事的手法 　　　學生認真聽講撰寫故事的方法

同學用心觀看工藝師介紹影片 　　同學填寫分組名單

小組成員認真參與討論 　　　　　小組成員認真參與討論

至南投竹生活文化協會進行採訪

學生認真觀察竹製品

同學用心觀看工藝師示範

老師針對學生創作進行講解

老師解釋如何在舊典故中融入新故事

同學認真聽課、作筆記

### （2）「數位文字力」微學分（107-1）

　　人文科學的創新，不能只在學術脈絡中，<u>本課程將教導學生在數位時代如何發揮文字力。課程中將安排時下最熱門的部落格體驗文撰作手法，及圖文搭配技巧，培養學生們「可轉用技能」並與產業、社區進行合作，使中文力能實際發揮實務性及市場效用。</u>

* 本課程主軸為培養在數位時代發揮力量的「文字力」。
* 特色為跨域整合、實務演練、發揮大學生社會功能。

## A. 課程作品

### a. 成果報告書

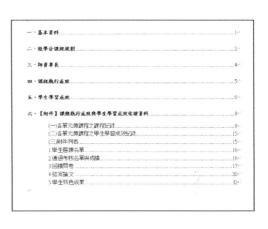

### b. 特色成果作品集

## c.部落格文章創作

花漾上色、輕鬆卸甲——UNT 魔幻水指彩

（圖片摘自 UNT）

這是我實使用過「UNT 魔幻水指彩」一段時間後，真心非常滿意而寫的心得分享。

不是蔡依霖！不是蔡佩雯！不是蔡佩雯！（如果 UNT 想跟這篇我同意）

在某一個平凡無聊的日子裡，我臉書藏在沙發上滑 FB 看到了它的廣告，於是心癢的點了下去……很好，好得很！這手不能留了！！！（樂刀）

顫抖的雙手成功保了下來，因為主人權要來試試 UNT 魔幻水指彩的效果如何。我買了一組，打開裡面是一罐二合一魔幻護甲油和兩罐自選顏色的水指彩，這次我先簡單的選最喜歡的顏色來塗——

中四B 黃以姍

---

Pokemon Go Plus 精靈球 訓練家們終於不用當低頭族啦！

**最近** Pokémon Go 又開始興起啦–因為 N 社於 switch 平台上市了 Pokémon Let's GO 遊戲，可與手遊 Pokémon Go 連動，樂趣倍增。因此現在道路兩旁及公園，又再次出現很多低頭族，都是在抓寶。但是馬路如虎口，低頭抓寶又需要把心神放在手機上，所以 N 社自己推出新一代抓寶神器，那就是精靈球，造型真的跟遊戲裡的球一模一樣，雖然體積比較小，但比較方便攜帶，其功能不僅可以幫助自動抓寶，還可以 自動轉補給站，最重要的是，不用打開手機、不用打開手機，不開打開手機，很重要所以說三次！

中四B 蕭子勛

---

夜晚可以安心熟睡的好朋友~蘇菲超薄 35CM 衛生棉

大姨媽是很多女生共同的敵人
弄得你腰痠肚子痛，這還不打緊
還跟友的時候會遇到豬隊友，讓你時刻提心吊膽！

相信很多女生都有所謂「不妙的預感」，
就是選錯衛生棉，大姨媽外漏的感覺！

常常站起身很惶恐，讓朋友幫忙檢查褲子後面有沒有沾到血跡
或者晚上睡覺時都不能安心入睡，早上起來總要祈禱不要外漏（洗內褲超煩 der

我也輾轉流連各個隊友
不間隊伍間離出愛恨交織

過後
遇見了天使隊友！

中四B 李雅琪

---

第一篇部落格文章 中二 A 吳佳健 41061245S

有雪肌精防曬乳，不怕正中午走投無路！

—草本植物成分，知心可靠 •—
防曬乳常常是直接接觸皮膚的化學產品，在現今防曬商品琳瑯滿目地擺滿你眼前的貨架時，究竟要如何選擇才是對自己最好的呢？
每個防曬品都主打不含酒精配方，SPF50+ 等特點，可是一塗抹在身上都可以聞得到陣陣的酒精味散發出來。出去曬個太陽就連汗滴個精光，曬黑糊本成了家常便飯。開架上的防曬幾乎都試過一輪，發現許多都是空瓶支票。這樣的情形想必很多人都不陌生。

—優點長效放冬，柔嫩美麗 •—
我個人可以說是個懶人 XD 簡單來說不愛麻煩，也不是很喜歡一瓶一瓶完滿養膚性質的慢慢挑揀，但我又認為防曬的重要性遠遠大過於事後乙芹被牛的資一靠美白產品而且那樣還要花更多時間去塗抹。
所以我從當機立斷的決定我要買專業的防曬系品！可是我又是個新學生哈，剛好朋友要去美妝保養大廠—日本。那我就厚顏無恥的請她幫我帶回那兒最負盛名的防曬商品？

—溫和舒爽香氣，不黏不膩 •—
朋友就幫我帶回了這瓶「Sekkisei White UV Gel」因為台灣沒有實所以我也只能稱呼它為雪肌精防曬。

中二A 吳佳健

### d. 武鹿社區 LOGO 設計

優遊履武，漫遊武鹿

創作理念/
白鷺鷥是武鹿社區的特色，我的創作理念是把代表武鹿的「武」字以背景呈現。而武鹿的「鹿」字以白鷺鷥作為主軸把整個人與武字串起，讓人從武字開始到鹿，而設計上使用藍綠色及淺綠色，去表達出乙種自然舒服的氣氛上，並希望人親近，形成悠閒漫遊的氛圍。而標語對武鹿以混合色作為標示語，讓了標語的內容讓風格整齊劃一做起，也呈現出武鹿土地的深層及富有意境，標語的「優遊履武，漫遊武鹿」是希望著遊客的腳步慢慢地走。

中四B 王兪真

隨著舞鷥　走進武鹿

創作理念/
鹿的選集代表白鷺鷥與著武鹿，以字中的「比」做出隻手的兩隻展開是起的「翅」變生出象，用只使用白鷺鷥的翅伸出甲的字，全文的樣子，朝著武字開起，代表著「跟著白鷺鷥一步一步走進武鹿」。

標語：隨白鷺鷥走進武鹿

中四B 黃耘家

起舞在
芳草的小鷥上

創作理念/
logo白鷺鷥融入「鹿」字為發想，因為我認為居民們自家的白鷺鷥已成為了居民生活的一部份，而讓logo黑白兩色為十，凸出身軀，一個人物做出圖樣，清晰的了解，一種舒適而簡約的感覺，平的的logo黑白分別是我個人的體驗，養草在武鹿裡開始蹲的田野力道散的天時，像潺潺的田裡內蜿蜒，與藍藍的天空，小鳥伴乎四處嬉戲，輕輕色的感受，讓我不自覺地起舞！

中二A 袁法康

創作理念/
以白鷺鷥若飯做成白蝴蝶，把陽代表太陽，白鷺鷥頸上的毛改做為武裝鹿字的筆劃，圖畫本讓長大人小孩都可以簡單產生，武鹿的草綠是承載並布顏色，放置於子的軀下表示其美深田男當，也作為武鹿社區的墓飯存在　有行若飯的白鷺鷥在藍靜下，在武鹿並唱勞高歌。

中四B 李雅琪

### B. 教學創新作法

「跨領域」是拓展與創新人文科學領域必要的路徑。本課程帶領同學進行跨界演練，利用工坊進行字學藝術與設計課程，使同學能發揮「文字學」所學知識，進行轉化為圖騰符號。本課程藉由課程設計，帶領學生除專業知識的灌輸外，也能實際演練所學知識運用的實際狀況。

### C. 課程反思及回饋

本次課程利用質化與量化多元的評量方式。由質化與量化問卷皆可看出本課程有達成預定教學目標。課程結束後，進行問卷施測，由數據中可知同學們對於「學習模式的滿意度」高達4.47。「專業能力的提升」更高達4.65。

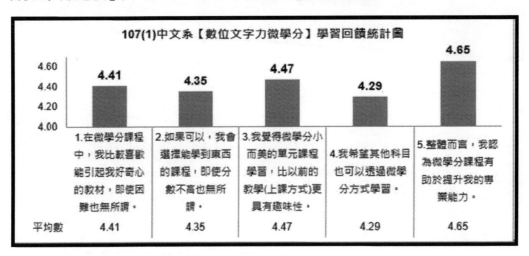

本課程教學目標在認知方面，經由課堂老師的講授，而後以學習單、測驗卷、書面報告以及口頭簡報，蒐集學生表現資料，確認其達到教師設定之教學目標。情意方面，因本課程作業施作對象是實際的社區，也帶領同學認識社區、理解社區的困境，希望藉此帶領學生了解大學生社會責任，並激起鄉土情感。此外，在課程分組練習過程，提供同學溝通討論的機會，讓同學體會與人互助合作、情感交流的重要性。也請課程助理進行觀察學生的學習表現，推論學生已具備情意目標的內涵。技能方面，本課程提供二項任務型作業，（每位同學皆完成一份文圖並茂的部落格文章，及利用漢字特色完成之武鹿社區標誌設計）教師進行觀察，也運用 ZUVIO同儕互評方式，同學們皆已獨力完成二項任務作業。

經與修課學生訪談，學生表示作業完成時間太短，使其覺得備感壓力。因為本

課程之作業不僅只是需要文字力，更需電腦資訊技能的輔助，然同學們的資訊技能較為缺乏，工坊的時間學生們表示仍太短，雖然老師已經提供許多網路資源，期望學生以自學方式補足不擅長之技能。然同學表示還是希望有老師在旁指導，學習較快。因此未來課程將此納入規劃考量。

　　因為經費所限，因此學生對於武鹿社區的認識，僅能以資料閱讀與人員講授，期待未來經費許可下，能讓學生進入真實場域，規劃相應的移地教學，使學生能轉換學習場域，激發不同想法。如此對社區更深刻之認識，撰作出之作品將更具價值性、市場性。礙於經費所限，實無法開設更多單元，讓學生有更多的學習選擇，此為遺憾。

### D. 課程照片記錄

授課老師說明照片的修飾方法

學生觀看授課老師如何操作

老師指點同學部落格文章中拍攝物品的擺設

同學進行文圖整合練習

學生出外景拍攝部落格文章所需照片

授課老師對學生撰作一一進行指導

共同欣賞同學們的成果

課程結束大合照

授課老師用作品解說 LOGO 的組成

學生專心聆聽老師的說明

老師示範將字學轉化為藝術

學生開始將電腦內的創意發揮於紙上

授課老師指導學生操作設計

學生進行上機設計

| 老師們討論課程進行狀況 | 學生們進行作品觀摩交流 |

### （3）「視覺閱讀力」微學分（108-1）

　　作家余秋雨曾經說過：「生命的質量需要鍛鑄，而閱讀是鍛鑄重要的一環。」透過閱讀可啟發多種能力──創造力、專注力、蒐集、整合、運用資訊之能力，並培養獨立思考、研究的能力，更有助於想像力的激發。閱讀也可以幫助同理心的建構，了解別人的感受，進而能用別人的觀點看事情。

　　人生的閱讀範圍非常廣，包括「文字」與「非文字」的部分。清朝的張潮在《幽夢影》書中說：「善讀書者，無之而非書。山水亦書也，棋酒亦書也，花月亦書也。」凡是具有符號意義者，都是可以閱讀的對象。我們應該擁有視覺閱讀力，如此更能看出不同風景、對人生將有更深層之體悟，對於創作也將更有幫助。

　　《自學時代：找回學習的動機與主權，成為自己和孩子的最佳教練》一書提到：「未來的文盲將不再是不識字的人，而是不了解圖像的人。」爰此，本次課程中將告知學生讀圖能力的重要性、培養讀圖能力的方法。更以二次工坊讓學生實際演練圖文整合技巧。希望藉由學生對於土地的觀察與了解，用自己的文字與圖像記錄地方的美好。

　　＊　本課程主軸為培養視覺閱讀／運用力。

　　＊　特色為跨域整合、實務演練、培養大學生愛鄉之情懷。

## A. 課程作品

### a. 課程成果報告書

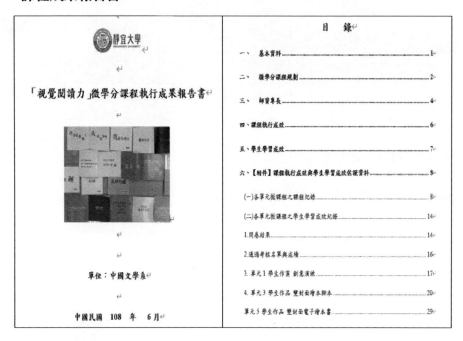

### b. 雙封面繪本

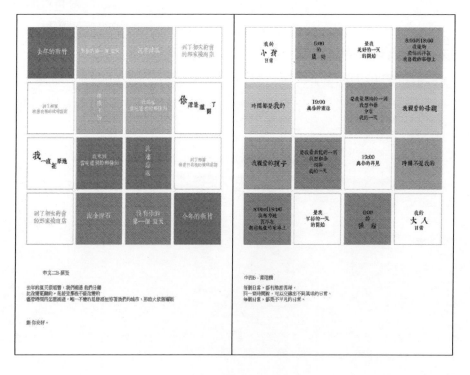

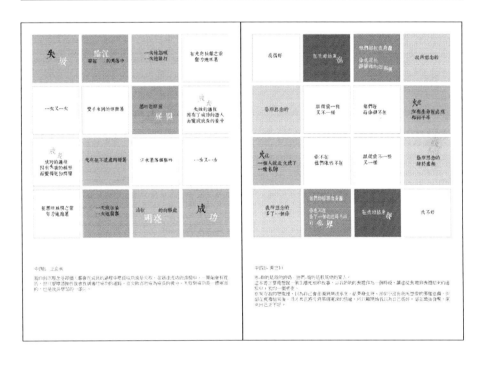

### c. 雙封面電子繪本書

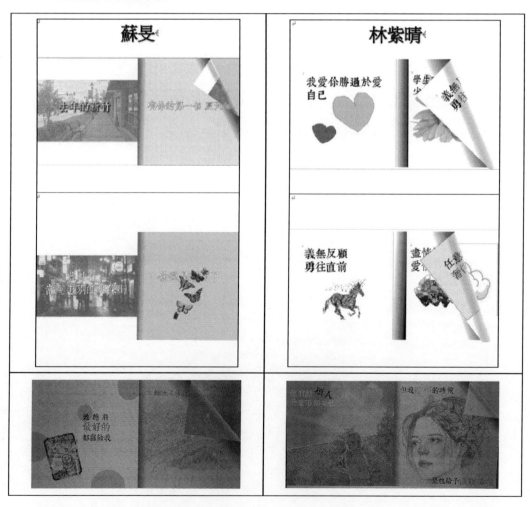

### B. 教學創新作法

課程當中，<u>教導學生腳本寫作外，也給予圖像指導</u>，並完成插畫繪本。<u>更帶領學生製作電子書，將閱讀的書籍以電子書方式呈現，融入按鈕、音效、影片等數位功能</u>，<u>增加視覺效果的創意性</u>，<u>創造情境閱讀多元性</u>！感受圖、文、科技整合所帶來的驚艷效果！<u>藉此也讓學生習得數位資訊製作與運用之能力</u>。

### C. 課程反思及回饋

建議知識性課程可搭配實作。<u>希望日後能落實教學團隊的概念，由一位或數位老師帶領，可以一起討論教學流程，課程設計理念，彼此互相支援，共同尋找教學的盲點，提高教學品質。</u>目前校方規劃的專業微學分課程即朝此前進，其次<u>建議辦一微學分成果發表會／成果展，可讓教師們彼此觀摩學習，讓課程更加精進。</u>

**問卷結果**

| 對應面向 | 學習動機-內在動機 | 學習動機-內在動機 | 對於學習模式的滿意度 | 對於學習模式的滿意度 | 專業能力的提升 |
|---|---|---|---|---|---|
| | 1. 在微學分課程中，我比較喜歡能引起我好奇心的教材，即使困難也無所謂 | 2. 如果可以，我會選擇能學到東西的課程，即使分數不高也無所謂 | 3. 我覺得微學分小而美的單元課程學習，比以前的教學（上課方式）更具有趣味性 | 4. 我希望其他科目也可以透過微學分方式學習 | 5. 整體而言，我認為微學分課程有助於提升我的專業能力 |
| 平均值 | 4.47 | 4.60 | 4.67 | 4.40 | 4.60 |

| 6. 課程最有趣的地方 | 7. 參與此課程最大的收穫 | 8. 遇到的問題／困難 |
|---|---|---|
| 製作繪本 | 學會使用 adobe 軟體 | 操作上不熟悉 |
| 嘗試不同事情 | 能學習到各種不同以往的程式 | 程式難上手 |
| 製作過程 | 學習技能 | 因沒嘗試過 |
| 創作 | 多了一份作品 | 無 |
| 自行創作沒有一定格式 | | 時間壓力、素材選擇 |
| 製作有聲電子書 | 學習 ID、AI 軟體使用 | 畫圖苦手 |

| 6. 課程最有趣的地方 | 7. 參與此課程最大的收穫 | 8. 遇到的問題／困難 |
|---|---|---|
| 最後能拿到自己做的成品 | 學到實用的技巧 | 課程時間太壓縮導致做不完整 |
| 製作繪本 | 有成品輸出 | 軟體還沒完全熟悉 |
| 跨領域學習 | 可以跨領域學習且結合自己所學的東西操作出實體成品 | 工坊課程時間太短 |
| 能學會電腦軟體的基本運用 | 能以比較有趣的、實用性的方式進行課程 | 因為是軟體初學者，在學習上會有比較多障礙 |
| AI／老師的故事時間 | 更懂視覺傳達 | 無 |
| 學習使用美編軟體製作書冊 | 學會了美編軟體的基礎操作，並完成一個自己的作品。 | 以前沒接觸過軟體，在操作使用上會有些不熟悉 |
| 可以自己設計作品 | 學到設計軟體 | 故事的架構 |

| 9. 如何解決問題／困難 | 10. 對此課程的總體感覺 | 11. 經由此課程對你的啟示 | 12. 其他建議 |
|---|---|---|---|
| 詢問老師和同學 | 獲益良多 | 學習美編，可提升自我能力！ | 很棒，謝謝老師！ |
| 多嘗試，上網找解法，詢問業師 | 很好 | 無 | 無 |
| 聽老師講解 | 良好 | 學到就是自己的 | 無 |
| 無 | 優良 | 無 | 無 |
| 無 | 無 | 知曉如何用Indesign製作簡易電子繪本 | 無 |
| 練習可以先使用現有圖片 | 學到很多 | 設計其實需要非常花時間 | 無 |
| 回家做完作業 | 非常實用有趣 | 應多方的嘗試不同的領域 | 無 |
| 請教會的同學 | 90分 | 多元能力的重要 | 無 |
| 透過課後的自我練習解決困難 | 課程提供一個比較新穎的、實用性質的課程，有別於死板的、不具操作性質的課程 | 微學分課程的趣味性及實用性比較能夠吸引學生學習 | 無 |

| 9. 如何解決問題／困難 | 10. 對此課程的總體感覺 | 11. 經由此課程對你的啟示 | 12. 其他建議 |
|---|---|---|---|
| 問老師 | 愉快 | 要找好組員才不會缺席這堂課 | 無 |
| 多加練習使用，並詢問老師同學。 | 覺得很有收穫，也學習到一些平常課程學不到的技能。 | 發現自己對排版編輯設計這方面挺有興趣的 | 無 |
| 看一些詩集 | 我覺得老師上課都很用心，也很有耐心的教我們程式怎麼操作 | 無 | 無 |

### D. 課程照片紀錄

老師講解圖像構圖手法

同學上課專心認真聆聽

同學上課練習圖畫創意聯想

老師講解〈清明上河圖〉

老師講解課程內容

同學上課專心認真聆聽

同學上課認真思考創作

同學進行實務創作演練

老師講解課程內容

同學上課專心認真聆聽

| 同學與業師討論創作理念 | 同學上台發表創作理念 |

## 2 創新課程開設──數位人文課程

本人110-1學期「文學聚落與社群」課程申請到教育部「數位人文社會科學教學創新計畫」。此計畫由本人擔任計畫主持人與開課老師，靜宜大學資傳系楊孟蒨教授擔任數位科技、運算思維與資訊素養部分課程的授課老師。課程上有關於 PBL 學習部分則由二位老師共同規劃。課程進行過程，共授教師每週開會檢討課程進度與教學方式，關於學生問題亦由二位老師在課後詢答時間進行解答。此雙師共授教學模式，將可提供給其他教師學習參考。

### （1）教學創新

新時代的學生，須擁有使用數位工具的正確態度，和善用數位環境的能力。可透過數據，讓研究有科學性的證據驗證。畢竟中文系的學生，若能在中文專業再加上順應時代所需的數位運用能力，則能在新時代一展長才，為社會貢獻所學，也將更加肯定所學。期望參與本課程之學生成為未來社會所需之數位人文人才。

本課程教導學生文學聚落與社群相關的專業知識後，更教導如何運用 DocuSky 及 Vuforia 程式語言之能力，了解如何對於文學資訊加值運用，並以視覺化呈現結果。課程以北、中、南文學聚落／社群的文學家作品為知識內容。上課同學須學習一套建置數位人文資料平台工具 DocuSky，並且透過使用 DocuSky 將課堂所學習的文學知識轉化成相關的個人化文學知識資料庫。並帶領同學將自己用 DocuSky 所整理的資料以 Python 繪圖工具整理出來，成為一套可以數位平台呈現的2D 或3D 的圖像資料，據此圖像資料製作成自己的文學聚落／社群故事。因此，同學可透過吸收知識、整理知識，進而產出自己的知識。

　　本課程也帶領同學到中部的文學重要地標——中央書局進行參訪，讓同學將參訪心得與課程內容結合。課程也將教導同學一套擴增實境（AR）的開發工具Vuforia，同學可透過文學聚落實景結合閱讀資料之心得，顯示並分享給其他同學觀看。這部分在未來，更可以結合靜宜大學目前教學課程的重點發展項目——大學社會責任課程（USR）。同學在學習完本課程，將可透過 USR 相關課程，參與文學聚落相關的社區營造任務。

## （2）課程特色

　　本課程的規劃為數位科技與人文緊密結合。課程內容是人文專業老師與數位科技專業老師共同討論，特別為設計此課程所打造出來的課程框架。本課程亦邀請靜宜大學資訊學院的同學共同選讀，並且引導同學組成跨域團隊進行課程學習。本課程設計了一套課程操作方式，引導同學運用數位工具進行相關資料整理、研究發現，甚至感受體悟，進而能將整理的學習心得，透過數位過程展現。以利自我成長與賞析自創作品，並運用數位工具分享給其他同學。

　　本課程與靜宜大學相關課程規劃緊密結合。本課程是數位人文特色課程，課程設計也考慮到靜宜大學目前在高教深耕計畫的課程發展特色。因此，修過本課程同學可以運用本課程所學習之數位開發能力與文學素養，繼續修讀靜宜大學相關特色課程，進而培養專業力與敘事力。

## （3）研究創新

　　「以往人文學者必須窮其一生自行蒐集與解析史料，但資訊科技的進步，不僅可以協助整理與分析，而數位化的史料，結合新的數人文分析工具，能夠有效浮現過去因資料分散而隱沒在字裡行間的關聯。」[5]本課程的重要性在於開發創新課程模式，進行人文與資訊的連結和應用。教師也可據此以數位方式進行人文相關之研究。

---

5　劉吉軒、柯雲娥等人：〈以文本分析呈現台灣海外史料政治思想輪廓〉，項潔編：《數位人文要義：尋找類型與軌跡》（台北市：臺灣大學出版中心，2011年11月），頁111。

## （4）課程記錄

### 課程記錄單

| 課程名稱 | 文學聚落與社群 |
|---|---|
| 記錄者 | 余易駿 |
| 活動／工坊／演講名稱 | 校外參訪：《書店滄桑：中央書局的興衰與風華》 |
| 日期 | 2021/10/21 |
| 時間 | 15:00~17:30 |
| 地點 | 中央書局 |
| 課程老師／業師 | 汪淑珍 |
| 參加人數 | 參與總人數：66人<br>（上述總人數之中，參與學生：62人〔男生：23，女生：39〕） |
| 參與者 | 指導老師汪淑珍、廖啓旭老師、徐雁老師、賴俊寧老師、選修文學聚落與社群課程之學生 |
| 活動／工坊／演講的目的 | 為讓學生們不再侷限於課堂當中，藉由實地訪查，考證並了解歷史，從中體會文學發展的經過，以促進其反思。 |
| 活動／工坊／演講內容描述 | 本次的校外參訪選定昔日台中文學發源地「中央書局」。<br>抵達中央書局後，隨即參與講座，講師利用簡報解說，讓同學重新認識中央書局，並說明中央書局的發展過程，從中得知中央書局不單只是個「書局」，而是由許多文化菁英聯合啟動的「書局」，其象徵意義重大。<br>講師更藉由名作家及前美國副總統尼克森曾到訪中央書局，突顯中央書局的「重要性」與「獨特性」，也介紹了中央書局系列活動的緣由。講座結束後，讓同學們親自體驗中央書局的特殊氛圍，感受中央書局。 |
| 活動／工坊／演講執行成果 | 經過此次的校外實地踏查，不僅開拓了學生們的視野，也能從中重新認識台灣文學歷史脈絡的演變，藉此提升學生對於文學的見解，日後能利用更多面向以進行相關研究。 |
| 小觀察大發現 | 人：演講過程中，講師利用蔣勳對中央書局的感情作為牽引，藉由蔣勳口中的中央書局讓大家更能感受中央書局的重要性。<br>事：中央書局並非像是中央銀行、中央研究院是中央政府管轄，而是私人企業，可能是很多人初聞比較疑惑的地方。 |

| | |
|---|---|
| | 地：中央書局在1998年，不敵大環境的變化而歇業，之後輾轉變成婚紗店、安全帽店，甚至是便利商店，到了近期才重新再度開張。<br>物：中央書局的內部裝潢，有別於其他書局書櫃排列多排，簡約的風格，還有童書專區，整棟的空間使人較沒有壓迫感。 |
| **反思與檢討** | 整體活動進行相當順利，較為可惜的是因為交通壅塞，導致去程有延遲，但沒有影響到主要的中央書局介紹，只是少了能多加認識中央書局的時間。 |

**活動照片**

| | |
|---|---|
| 說明：同學專心聆聽講座 | 說明：講座介紹中央書局的歷史 |

| | |
|---|---|
| 說明：每位同學皆相當認真地聽講 | 說明：老師與中央書局人員討論行程進展 |

說明：同學對於參訪歡喜表現

說明：同學認真觀看書籍

說明：同學們對文創作品有很大興趣

說明：參與老師於中央書局合影

| 說明：同學各自參訪中央書局 | 說明：參與老師與同學合影 |

## 課程記錄單

| 課程名稱 | 文學聚落與社群 |
|---|---|
| 記錄者 | 蔡柏萱 |
| 活動／工坊／演講名稱 | 第一次工坊：Vuforia AR 教學含3D image 目標物手機設定教學 |
| 日期 | 2021/12/11 |
| 時間 | 09:00~16:00 |
| 地點 | 任垣計中203教室 |
| 課程老師／業師 | 汪淑珍、楊孟倩老師 |
| 參加人數 | 參與總人數：64人；<br>（上述總人數之中，參與學生：62人〔男生：23，女生：39〕） |
| 參與者 | 楊孟倩老師、汪淑珍老師、資傳系學長、修課學生 |
| 活動／工坊／演講的目的 | 藉由資傳系老師的指導，讓中文系學生實際上機操作，學會運用 Vuforia AR、3D image 這些數位工具，製作中央書局地圖的 AR 導覽介紹。 |
| 活動／工坊／演講內容描述 | 此次的工坊實作可分為三個階段，第一階段是指導老師介紹 Vuforia 及其運用方式，Vuforia 是擴增實境軟體，所謂擴增實境是指透過手機螢幕與攝影機將原先的畫面加入新的內容或虛擬內容，產生出實景與虛擬景物結合的效果，可以運用在許多地方，如寶可夢、IKEA 家具擺設、駕駛導航、博物館導覽。<br><br>第二階段是申請註冊 Vuforia 會員及建置 Vuforia database，學生在註冊 |

| | |
|---|---|
| | 完後,就可以登錄 Vuforia 會員並建置資料庫,將 Vuforia database 的版權頁複製到記事本儲存。接著利用攝相機拍攝老師給的中央書局圖片,拍攝時需留意亮度是否太暗,不可以有反光或陰影,拍攝完成後則用小畫家剪裁所需圖片範圍,再把圖檔上傳到 Vuforia database,需注意的是圖片的評級不可低於三顆星。<br><br>第三階段是以 unity 製作中央書局的 AR 導覽介紹,其步驟為:去 Asset Store 下載 Vuforia Engine,建立 AR Camera,把原來的 Main Camera 刪除,將版權頁複製貼上到 App License Key,匯入 database 資料庫,點選 Vuforia Engine 後建立新的 Image Target,在場景中創建一個 3D 球體,加入文字並改變字體大小,新增一個 image target,加入 plane 並把 plane 的 Mesh Renderer 消除,調整 Plane 的大小到可以和 image 相同,點選 Add Component 後加入 Video Player,將上傳的影片放入 Video Clip,測試是否可以播放影片,最後製作手機安裝的執行檔。 |
| 活動／工坊／演講執行成果 | 此次工坊實作,雖然有許多困難繁複的步驟,但在老師細心的指導及資傳科學長耐心的幫助下,每一個組別皆順利完成中央書局地圖的 AR 導覽介紹,但之後還需多多演練,才能更為熟練地運用數位工具。 |
| 小觀察大發現 | 人:這次的工坊實作,之所以能順利完成,多虧有資傳系學長的幫助,每當同學碰到問題時,學長都會為其解答疑惑,當老師忙不過來時,也會主動上前幫忙,他們可以說是此次工坊完美落幕的主要原因。<br>事:數位資訊的能力,一直是中文系學生所缺乏的,但在這次工坊中,可以發現只要我們願意學習,還是能慢慢去了解這一塊領域,只要能結合中文系的文學敏銳度與資傳系的數位工具技術,相信一定可以碰撞出不同的火花。<br>地:上次曾實際參訪過書局,這次工坊以 AR 導覽的方式介紹中央書局,當看到平面的書局圖片,在手機裡變得立體,還有文字及影片的介紹,才發現原來科技的進步也能讓人以不同的方式重新認識一個地方。<br>物:這次工坊實作的重要工具之一攝相機,就像是人們的另一雙眼睛,借用攝相機的鏡頭去數位化我們眼睛所看到的景象,不能親臨現場的人們,也能看到與我們相同的場景,讓彼此的距離不再相隔那麼遙遠。 |
| 反思與檢討 | 第一次工坊所要教的內容極為複雜,難免會有時間不足的問題,這是較為可惜的部分。 |

### 活動照片

說明：同學運用手機測試安裝成果

說明：學長上前了解同學所遇到的困難

說明：同學檢查自己拍攝的照片

說明：同學輪流填寫簽到表

說明：中央書局導覽地圖的圖片

說明：老師仔細解答同學的疑問

說明：學長上前了解同學所遇到的困難

說明：同學聆聽老師講解課程內容

說明：老師仔細解答同學的疑問

說明：同學聆聽老師講解課程內容

## 課程記錄單

| 課程名稱 | 文學聚落與社群 |
|---|---|
| 記錄者 | 余易駿 |
| 活動／工坊／演講名稱 | Vuforia AR 教學含3D image 目標物手機設定教學 |
| 日期 | 2021/12/11 |
| 時間 | 09:00~16:00 |
| 地點 | 靜宜大學任垣樓計中203 |
| 課程老師／業師 | 楊孟蒨老師、汪淑珍老師 |
| 參加人數 | 參與總人數：64人；<br>（上述總人數之中，參與學生：62人〔男生：23，女生：39〕） |
| 參與者 | 楊孟蒨老師、汪淑珍老師、選修文學聚落課程同學 |
| 活動／工坊／演講的目的 | 讓修課同學對於 Vuforia AR、3D image 目標物手機設定程式有所了解，知曉工具的功能與使用方式，方便期末作品產出。 |
| 活動／工坊／演講內容描述 | 本次課程為文學聚落第一次工坊實作，由楊孟蒨老師指導，讓學生認識 Vuforia AR 教學含 3D image 目標物手機設定教學，學生各別分組，進行第一次功能理解和練習。首先讓各小組建立帳號後，由楊老師一步步進行教學，帶領同學認識 Vuforia 系統並解說 AR 功能，示範操作過程，再讓學生進行目標掃描的試作，並由四位資傳系學長陪同進行課程輔助，之後介紹 unity project 功能，示範操作後即讓學生進行建立 AR 影片的製作及 APK 檔的設定。 |
| 活動／工坊／演講執行成果 | 在老師每個步驟仔細說明、示範、指導，以及四位學長的協助，各組皆有親自動手進行實作演練，且慢慢地理解 unity 的操作要點，並在工坊結束前，每組皆有將老師交代的實作作品呈現出來。 |
| 小觀察大發現 | 人：課程中，老師不僅一個一個步驟仔細解說，並與同學密切互動，確認對於課程講解同學已經完全了解。<br>地：此次課程教室在任垣樓的電腦教室，利用多台電腦同步進行授課，方便同學能立刻觀看並學習操作步驟。<br>物：此次課程，除了電腦外，老師及學長有準備圖片與相機，將之前已經設定好的作品讓同學以同樣的方式試做作品。 |
| 反思與檢討 | 此次工坊的課程內容，因為學生都是第一次接觸，操作上難免會有不同調，造成在實作中會有一點狀況，但經過老師及學長的輔助，都能順利進行。 |

| 活動照片 | |
|---|---|
|  |  |
| 說明：小組討論課程作品如何產出 | 說明：老師與學長討論該組的作品成果 |
|  |  |
| 說明：老師示範系統操作 | 說明：學長協助組員進行作品改正 |
|  |  |
| 說明：組員們討論如何使作品更加完美 | 說明：不同組別互相討論 |

說明：學長協助同學進行功能操作

說明：同學進行實際演練

說明：老師查看同學作品完成度

說明：組員與學長討論完成作品

每單元製作相對應的影片，方便同學自學。

## （5）課程成果

學生期末提報 PPT，呈現學習成果。

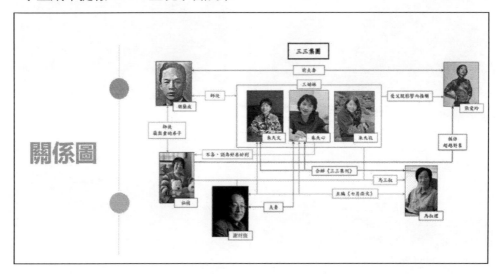

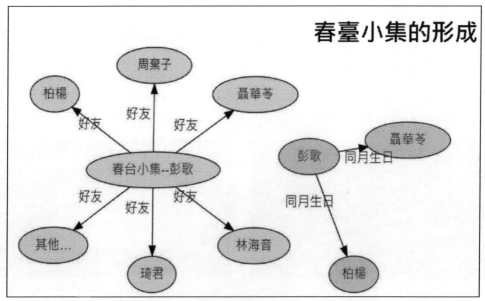

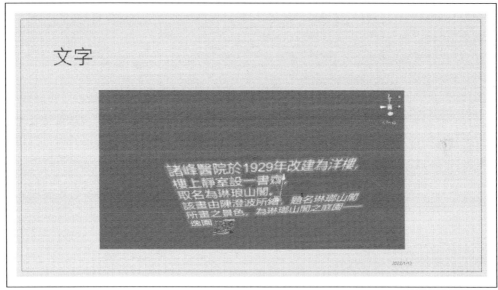

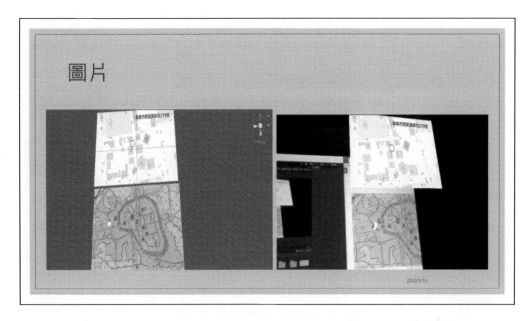

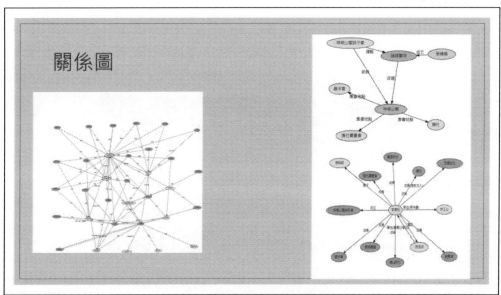

鍾肇政回憶錄

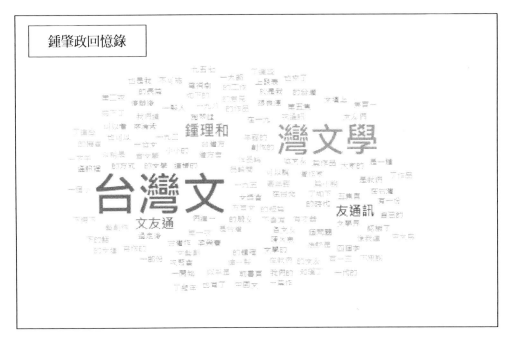

笠山農場

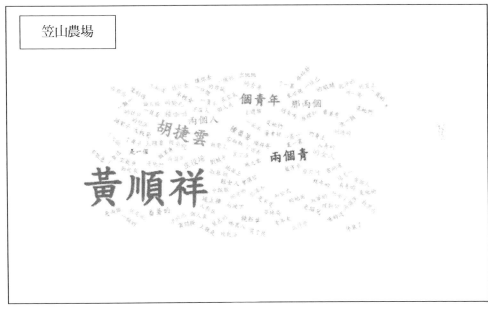

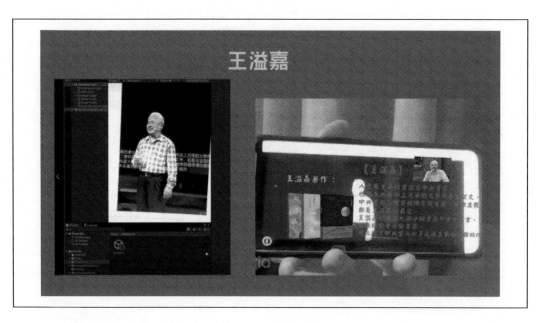

## （6）同學學習心得

| 姓名 | 心得 |
|------|------|
| 蔡柏萱 | 這次的課程，我主要負責操作數位工具，對中文系的學生來說，真的不是一件容易的事，只要一個步驟出差錯，就會導致無法順利完成後面的成品，但我很開心自己有選修這堂課，<u>從中學到很多中文系難以接觸到的技術，讓我有了跨領域的能力！</u> |
| 賴逸雯 | 在課程裡，我接觸到了從沒接觸過的數位工具，雖然一開始認為身為中文系沒必要學這個，但成品做出來後就<u>覺得很有成就感</u>，不過那複雜的步驟真的讓我頭昏眼花。 |
| 徐玟婷 | 在這次的課程中，<u>我學習到了怎麼將一些資料利用資訊數位工具來完成一個作品</u>，雖然過程很複雜，但是學習到了跟中文系沒有相關領域的知識，使我多了一項能力，更讓我多了跟別人競爭的機會，因此非常感謝這次的課程以及老師們的教導。 |
| 陳致瑋 | 這次的課程中，老師教導我們與傳統的中文系課程，不一樣領域的內容，<u>雖然理解起來非常吃力</u>，但還是謝謝老師教導跨領域的課程，讓我們有更豐富的內容可以學習。 |
| 王婷愉 | 這次的課程讓我學會了怎麼將資料轉換為資訊，並利用數位工具完成作品。因為是跨領域的課程，後面實際操作的時候對我來說有點吃力，<u>還好其他組員願意協助我</u>。雖然學到的技能可能之後都不會在用上了，<u>不過能多學會一項技能總是好的</u>。 |

| 姓名 | 心得 |
|------|------|
| 單美齊 | 這次課程接觸到中文系以外的領域，由於對資訊方面不是很擅長，一開始理解上較吃力，數位時代變遷快速，現在需要的是學會將各領域融合一起，<u>這次的課程讓我們多學會一項技能，期許對未來會有幫助</u>，也謝謝老師耐心的教導。 |
| 洪孟宸 | 在課程中我接觸到了和平常上課不同的領域，在過程中其實常常碰壁，但也相當有趣，<u>也了解到過去台灣文學的發展，三三集團的成員之間的關係</u>，並加以思考、歸檔。 |
| 蔡逸嫻 | 經過這次的報告，<u>認識到許多之前沒接觸過的文學作品和作家，了解到其實有很多作品都很值得一讀</u>。雖然過程中很辛苦，也發生許多事情，但最後努力完成這份報告，呈現給大家看，是很值得的一件事。 |
| 陳怡樺 | 起初很迷茫，不知道該從何處著手，製作過程中也花了很多時間，後來循序漸進地做完之後才發現其實沒有想像中那麼的困難，也感覺完成了一項艱鉅的挑戰，<u>從這次的報告中獲得了滿滿的成就感，也覺得 AR 掃描很新奇、很特別，學習到之前都沒學過的東西。</u> |
| 王婧晏 | 我一開始上這堂課的時候，就覺得要學的資訊方面覺得好難哦，<u>但經過老師們的教學之後，我都可以聽得懂，並不會覺得好難</u>，雖然一開始因為有組員上的變動，讓我有點不知所措，<u>不過有老師的幫助，真的太好了</u>。 |
| 莊筑淇 | 在做資料收集時，瀏覽了很多網站，發現網路的資料大多都差不多，而且有些資料的電子檔圖檔模糊不清，雖然從網路引用看不清，但也沒有其他檔案可以使用而只好將就。<br><u>老師在教導我們資訊方面的新知識講解的非常詳細，讓我們實際練習，如果有不懂的地方就當場提問，會老師或學長協助解答疑惑</u>，比較不會有在自己做作業時突然出現問題的情況，而且這些東西也不是只有上課才會用到，未來也許也會需要，感謝老師的用心。 |
| 潘毓琪 | 這門課的困難點有二，其一是文本都沒有文字檔需要一頁一頁圖轉文字，時雖然呈現只有幾千個字，但是卻需要耗好長一段時間（包含校對部分）我用到懷疑人生；其二 3D 圖只學會一點點，很可惜。<br>一開始因為 Docusky 忘記怎麼操作網路學園又找不到影片，教育平台又進不去（可能是自己電腦的問題），<u>幸好淑珍老師在群組上傳了教學影片（老師我也愛你　萬年）以及講帥（1/8）課程中不僅再次教學然後又解鎖一堆新技能（超酷！），使我收穫良多，未來多一項技能可以運用。</u> |
| 王微慈 | 我一開始上這堂課的時候，就覺得要學的資訊方面覺得好難哦，<u>但經過老師們的教學之後，我都可以聽得懂，並不會覺得好難</u>，雖然一開始因為有組員上的變動，讓我有點不知所措，不過有老師的幫助，真的太好了。<br>一開始要做 docusky，要做文本分析，可是我們查到資料當中的文本，網路上大 |

| 姓名 | 心得 |
|------|------|
|  | 部分都沒有，只能從一些實體的才能看到，所以只能先拍起來，用 app 掃描變成文字檔，還要一一校對，才能做文本分析，這是我們這組分派給我的工作，最困難的地方，但也讓我知道原來做這件事要花很多心思去弄才能弄好，很佩服那些可以利用 docusky 做文本分析的人，而且又可以做得那麼好。 |
| 卓凡鈺 | 最困難的大概就是找不到原本預定的文本，只好自己手動更改，原以為這劫過了，但沒有想到的是找不到電子檔，只好自己摸摸鼻子去圖書館找實體書慢慢轉成電子檔。<br>一開始製作 docusky 的時候忘記怎麼做，急急忙忙找了影片結果還是沒有找到，慌到不行，<u>但最後被老師救援了，請讓我愛您一萬年。</u><br>不過在完成自己負責的區塊之後，<u>被愉悅感填滿內心，很慶幸當初自己沒有放棄。</u> |
| 柯婉筑 | 上這堂課前我本來以為只是聽老師上關於文學聚落以及文學社區的東西，考考試就行了，<u>沒想到居然延伸出這麼多關於資訊類的課程。</u>雖然覺得很累，但是那麼多令人看不懂的課程有些還挺有趣的，像是1/8的課就很好玩！在搜集資料的時候，我們組別需要的東西找了很久都找不太到相關的文史資料，只能根據文本下手，但是很多都是模糊不清，尋找多方網站才找到適合的。另外在做 ppt 時也無從下手，<u>但是在完成時也覺得很開心自己成功了。</u> |
| 賴柏碩 | 這次文學聚落與社群的課程，<u>除了學習到有關於中央書局的歷史以及人物外，更透過這些來實作，學習如何建庫、Unity 的製作等等，讓我們不只帶走知識，到了未來也可以有機會可以再加強這類的技術，讓之後可以有更多選擇。</u> |
| 余易駿 | 以中央書局的歷史特色，再透過課程結合了 <u>AR，展現出中央書局不同的面貌，也是我未曾接觸的技術，能以此方式更了解中央書局，感受上相當的不一樣。</u> |
| 劉祐辰 | <u>藉由 Unity 的作業，讓我們更加理解中央書局的重要性，再附上家喻戶曉作家們的故事作為證明……</u>看來有一天得好好地利用這項資源呢! |
| 簡啟宇 | 本次課程讓我覺得耳目一新，<u>AR 的技術加上了富含來自過去氣息的中央書局，讓原本就充滿文藝氣息的書局增添了科技感。</u>新時代與舊時代的碰撞，撞出了屬於這個年代的風格，對於新的事物在這個年代大家越來越能接受，隨之而來的是更多巨大的變化，書局從固體藏書一直到現在的線上書籍，一直在跟著時間的腳步前進，而我甚至我們都應該也要跟著一起前進，不斷的學習不斷的進步，永無止盡。 |
| 李文翔 | 這次的課程收穫很多，一開始文學聚落的課程我以為是會很死板的那種，<u>想不到有參訪中央書局和這種實作的課程，拋開了中文系的既定觀念，在這過程遇到的問題，大家也努力去克服，是很好的一個結果。</u> |

| 姓名 | 心得 |
|------|------|
| 陳皓天 | 這次的課程結合了 AR 和文學，我覺得能將自己所擅長的東西結合別的領域實作是一次很特別的體驗，也有機會接觸到了其他科系的人和知識，並在教學的過程中讓原本的技術更加的熟練，獲得了不少的成就感，我覺得非常值得。 |
| 蕭俊偉 | 本身對於資訊類科就相當有興趣，而這次透過了中央書局與 Unity 的結合，以立體呈現出內容，相當有趣。 |
| 鄭喬驛 | 經過這次的期末作業，我們在電腦教室實際操作了解 VR 設計其實並沒有想像中的容易。內容環環相扣，只要步驟有一步錯誤，後面的成果就會沒辦法呈現成功，讓我學習到更多方面的學習成果。 |
| 何羿嫻 | 文學聚落這堂課非常有趣，老師利用中文與科技的結合教會我們做出很特別的文學 VR 作品，過程是真的困難重重，要感謝老師及學長耐心的指導我們一步一步找出問題，最後做出我們組員都滿意的成果，是一堂讓中文系學生收穫非常多的課！ |
| 林品媛 | 沒想到讀中文系還能接觸到 VR，雖然起初聽不太懂不知道怎麼操作，但在學長的幫助下才知道原來是這樣操作，文學結合 VR 讓這門課特別的有趣，原來文學和科技的結合可以產生出這種火花，讓文學更有生氣。 |
| 卓宜緯 | 誰說中文系就只會背詩寫詞，這堂課創新的方法結合了傳統中文與現代科技，有些地方比較困難，不過有學長的耐心指導讓我們做出結果，中文系如果能結合更多其他領域的專長一定會有新的發展。 |
| 呂玟樺 | 以往講到 AR 技術，想到的總是在遊戲與線上演唱會的應用，原來也能和文學知識進行結合。在課程中首次使用了正式的 3D 軟體，雖然課程方向跟先前預想的有所不同，但還是非常有趣。 |
| 張嘉云 | 這是我第一次接觸 3D 軟體，裡面所有的東西都看不懂，也不太會設定，只能跟著老師教學影片一步步走，然而幾乎是步步艱辛、步步錯，花了快十個小時還是一直卡住!多虧了學長鼎力相助，才讓我們得以完成期末作業！ |
| 曾紫晴 | 3D 軟體是我所沒有接觸過的新事物，在剛開始接觸時很多東西完全不懂的，不過在我們小組成員及學長的幫助下看到作品一點點的完成真的很開心，也讓我在參與的過程中也是有慢慢地去了解和認識這門課程，是一種難得的體驗。 |
| 塗期麟 | Unity 系統之前就有聽說過，可是實際操作起來卻比想像中的更加複雜，雖然在這作品產生的途中有許多的波折，但也多虧小組組員們彼此的幫助，才能完成這堂課的作品，大家辛苦了！Ps：也特別感謝經常來救場的學長！ |
| 邱竑文 | 這堂文學聚落課結合 VR 技術，儘管對我來說是非常具有挑戰性，甚至在製作過程遇到蠻多問題卡住感到煩躁，但是最後其他小組成員的分工合作及 TA 幫助下完成這項作業，還是蠻有成就感的，而且心態上不會只有單單修過一個學分，因 |

| 姓名 | 心得 |
|---|---|
|  | 為不經一番寒徹骨焉得梅花撲鼻香，有這個辛苦製作過程等於是加強了對操作這個 VR 軟體的記憶，最後或多或少是有帶一個技能走，我很慶幸有這個機會來學到一個技能。 |
| 黃韻如 | 這門課對我來說有點困苦，由於接觸新軟體，跳脫原有的文學思維去理解。加上軟體是全英文，所有步驟都需要努力的去記憶跟對應位置，會容易忘記或遺漏流程。幸好有熱情且擅長的組員相互幫助，最終才能完成此作品，並得到良好成果。從中我感受到團隊合作的力量與溫暖，而感到喜悅和踏實，因為大家所付出的精力都是有回報的。此外，我在查詢白先勇及其作品時，看了些許期刊資料，對現代文學更加熟悉，增添許多知識，算是受益良多。多元的課程內容，中央書局參訪和趣味演講，都是一次次的知識積累，會在無形之中提升自我品味與氣質涵養，是不錯的體驗和經歷。 |
| 李季庭 | 這次的課程作品的製作，真的讓我覺得很困難，我自己本來就對《現代文學》不熟悉，然後又要加上嘗試用新學習的軟體去做成品，就會覺得這個作業更加的困難，之後又因為小組成員們都很忙，很難聚集在一起，而導致分工上很難處理，然後做作品的時間一直延後，後面也解決了這些問題。可是在使用電腦上真的就如同我們自己想的一樣，很難操作，然後又不得不做，只能說很感謝有 TA 的幫忙，不然真的很難想像到我們的作品怎麼辦。至於在研究《現代文學》的部分，因為看的文本沒有特別多，也只是單就著組員找到的資料去了解了，了解了自己組要做的那三位元老，和《現代文學》這個刊物的一些歷史，覺得還蠻有趣的。 |
| 陳靜儒 | 剛開始在做這個報告時，因為有一陣子沒有操作了，有點小忘記，再加上在安裝的時候一直無法成功安裝，好不容易安裝成功了，但是檔案打不開，真的是困難重重，最後因為檔案真的無法打開，所以換了一個版本，這個版本跟老師上課時說的不太一樣，有的小地方不一致，像是增加 3D 文字的部分，還有遇到圖片無法成功上傳的問題，因為網頁是英文的，網頁會自動翻譯，所以頁面變成中文的，一開始也沒有發現是因為這個問題所以照片無法上傳，後來想著不如讓網頁變回英文然後上傳看看，結果沒想到一次就成功，等到圖片都成功上傳後，要把它下載下來傳到 unity，一切就緒後，就開始操作，結果剛開頭就又卡關，因為版本問題，3D Text 並不是這樣顯示，也花了不少時間在這方面，之後就是大小、角度、顏色的問題了，操作起來很容易，影片的部分也很順利就完成了，總而言之，雖然過程困難重重，但當成品出來時，內心真的非常有成就感。 |
| 廖翊萍 | 這次的課程設計是我完全不熟悉的領域，加上對《現代文學》了解不多，所以在進行時很容易找不到方向。雖然去查閱了不少《現代文學》的資料，開始對它比較了解，但對要作出的作品還是沒有頭緒。《現代文學》作為極有影響力的雜誌，能討論的範圍非常廣，光是討論出要以誰為主題就耗費大量時間，直到確定 |

| 姓名 | 心得 |
|------|------|
| | 對象後，作品才出現一點雛形，我也才知道了自己能做那些事。程式的使用是我最頭疼的地方，幸好有可靠的組員與 TA 的協助才能一起完成。整個課程對我而言是全然不同的挑戰，雖然對所使用到的程式還是不熟練，但還是開了我不一樣的視野。 |
| 林昱嫻 | 雖然高中的時候有在計概課上聽老師講解過 AR，但對 AR 的認識也僅止於課本，沒有實際製作過，加上對《現代文學》只有片面的了解，所以在準備報告初期有點迷茫，擬定主題上也經過了許多次的討論才定案。一開始對於程式十分不熟悉，還因為版本的問題無法順利開啟應用程式，在操作過程中也遇到了許多問題，但幸好有可靠的 TA 有耐心的為我們解決問題，還有一起奮鬥的組員才能順利完成。在成功完成作品的那一刻，真的好有成就感！真的要謝謝因為期末忙碌的組員的配合，也謝謝 TA 犧牲自己的課餘時間來協助我們！ |
| 簡伶軒 | 在找《現代文學》的歷史背景時候，我才知道原來真的有人可以不以盈利為目的創辦一個刊物，也許是我沒有經歷過那樣的時代，沒有經歷那麼一個前路未明但充滿希望的時代，我不理解，但我很佩服。這門課對於我來說有點燒腦，不管是 Vuforia 跟 DocuSky 都是從前未接觸過的領域，而且操作介面全部都是英文，很容易搞混自己要製作的那個按鍵在哪裡；對《現代文學》也不是很熟悉，剛開始就像無頭蒼蠅一樣沒有方向，而且大家比較忙，時間上無法配合到一起，分工比較困難，幸好最後還是完成了這份作業，感謝全體組員。 |
| 張晉杰 | 或許對於一般的同學來說這堂課只是將所學的或是先前就已經理解的資訊用數位的方式重新演繹與詮釋，而對我來說卻不是那麼的簡單與容易。我並不像課堂上大多數的同學一樣有良好的文學底子，甚至我高中後根本就沒有接受過中文系的相關課程，因此對我來說在將這些文學資訊轉換成數位程式以前，在課堂上所提到的一些刊物與地點如：《文友通訊》、《明星咖啡館》對我來說都非常新鮮，甚至校外參訪所去的《中央書局》雖然常去卻也都只是待在二樓用著平板或是筆電處理工作與打發時間，也可以說在上這門課之前我踏進這棟建築內的目的純粹只是需要一個安靜的空間與充電插座。也經由校外講師和課程上所提到的櫟社與琳琅山閣，還有《鹽分地帶文學選》，我才更理解了過去的文學歷史。而現在已經進入了數位時代，人們中拿的從報紙與書本漸漸演變成手機與平板，接收資訊的方式也從報章雜誌變成社群媒體，在課堂上我沒有想到平常只會在遊戲與網路上才會接觸到的數位感受也能夠與課堂中所學到的文學與歷史融合，或許就像是十幾年前我們也無法想像現代人會用手機看小說用手錶講電話一樣，或許未來的文學也會漸漸地跳脫於紙本用一著嶄新的數位形式延續我們的歷史。 |

## 3 創新教材研發

課程的豐富有賴創新教材的支援，學生才能與老師進行有意義的互動，進而提升教學成效。

### （1）自編教科書與教材

本人自編教材並將學生的文案作品收入專書《文字魔術師──文案寫作指導》（五南圖書出版公司），並帶領學生採訪台中17家產業撰作產業故事出版《走玩故事館》。（台北：有故事股份有限公司）並以此作為「故事行銷寫作」課程參考書籍。

教科書：《文字魔術師──文案寫作指導》　　教科書：《走玩故事館》

### （2）磨課師課程

教學方法需與時俱進，如此新時代的教育理念才可能實踐。面對數位化的時代，教材、教法皆須應時而變，磨課師是促進學生自學的管道之一。

「美國的懷特，在1936年，研究飛機生產時發現，當生產數量增加時，所需的時間成本，錯誤都會減少，這是因為透過練習，工人會越做越好，方法也會改進，

這種練習次數與時間、成本、錯誤的關係曲線，就是『學習曲線』，又稱『學習改善曲線』，也是一個人，為何要下苦功練習的原理。」[6]

本教材（線上課程）乃將數位學習整合到教育系統之中，善用網路與科技，並搭配課堂師生面對面互動，以提升教與學效率。

本教材的運用，目的為鼓勵學生自主學習。學生可利用數位平台進行課前預習、課後複習。透過平台可交作業、討論及知識分享，學習平台成為課程的一個部分。本人安排課後練習，並將課堂內容放置數位學習平台，利用本教材，讓學生成為學習的主角，克服課程中練習與討論時間不足的困境。以培養學生自主學習的精神，亦提供學生廣泛的課外閱讀書目，讓學生於課程結束後，能有所指引。本人亦鼓勵學生自組讀書會，讓同學們利用同儕間的力量，彼此督促，延伸課堂的學習。

兒童文學概論磨課師課程，此教材的完成，既符合靜宜大學校務發展「課程活化：課堂教具的變革、翻轉教室、磨課師等課程活化議題。」亦可與其他老師共享、激盪，以激發更多創新研發成果的產生。

本教材開創革新之處為課程設計具結構和系統規劃。本教材乃師生共創，且製作方式多元化——簡報、專家解說、自製影片、圖卡繪製、誦讀作品。製作團隊共12人，除本校師生，更加入跨校教師（台北教育大學、台北師範大學）與專家學者（作家邱各容）。

**製作團隊人員表**

| 資料蒐集腳本撰述與PPT製作 | 插圖繪製 | 校外教師解說作品 | 詩歌誦讀 | 錄影及影片剪輯 | 動畫製作及背景圖拍攝 | 主講並統籌全案 | 資料上傳後台 |
|---|---|---|---|---|---|---|---|
| 戴依婷 | 林珈如 | 蔡婷婷 | 朱家偉 | 楊廷進 | 林珈如 | 汪淑珍 | 戴依婷 |
| 葉思珊 | 陳坤第 | 王世豪 | | | | | |
| 石冠亭 | | 邱各容 | | | | | |
| 鄭雅憶 | | | | | | | |

---

6　何飛鵬著：〈前言　學習關鍵字〉，《自慢：自學偷學筆記・6：學習改變我的一生》（台北：商周出版社，2013年9月），頁20。

### 本人開設之數位相關課程

| 課程屬性 | 開過課程 | 創新表現 |
|---|---|---|
| 磨課師 | 兒童文學概論 | 結合線上線下之學習 |
| 磨課師課程 —— 微型數位課程 | 兒歌創作、認識童詩與兒歌、童話敲門磚、秒懂繪本與插畫、少年小說入門 | 數位線上課程 |

學生運用手繪圖卡製作影片：

手繪圖片：

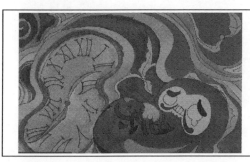 

加入各校教師：

## 108(1)兒童文學概論

兒童文學概論
汪淑珍老師

| 課程預視 | 課程檢視(學生角度) |
|---|---|

在學/畢業學校: 人文暨社會科學院(College of Humanities and Social Sciences) | 類別:人文社會類 (Humanities and Social Science)

推薦 0　分享

### 課程說明

本課程以講題為主軸，介紹台灣兒童文學發展之歷史背景，兒童文學作家生平，作品風格，書寫技巧，以及兒童文學文化活動及刊物等。

(1)開展增進對台灣兒童文學的認識。

(2)進而建構台灣兒童文學史概念。

(3)培養賞析兒童文學作品之能力。

(4)涵養文創力、中文力、競爭力。

### 課程資訊

推薦 0　分享　　分享到 QQ

Not

| | | |
|---|---|---|
| ▤ | 課程編號 | SC1080104 |
| 📅 | 開始時間 | 2019-04-09 |
| 📅 | 結束時間 | 2020-01-10 |
| 💰 | 課程費用 | 免費 |
| ✏ | 學習負擔 | 0 小時/週 |
| ▦ | 瀏覽人次 | 1069 |
| 👤 | 報名人次 | 142 |

教材網址：

https://sharecourse.pu.edu.tw/sharecourse/general/user/login

* 本課程施行相關內容可參（2021/10/01）。〈兒童文學概論創新教學模式實踐研究〉，《藝見學刊》，第22期，頁61-71。

## （3）創發評量工具

　　「我們該發展的學習標準和評量，不僅是評估學生考試時的作答能力，而是要評估他們是否具備21世紀關鍵能力，如解決問題、嚴謹思考的能力，以及企業家精神和創造力。——美國總統歐巴馬。」[7]學生知識觀點的產生與改變，是一種學習的過程。<u>「故事行銷寫作」課程創發「學生自我觀察質性問卷」。「文化創意與實務」課程，為探討學生的個人知識變化。創發知識論評量問卷，以強化研究的可靠性。</u>

### A.「故事行銷寫作」課程

#### 學生自我觀察質性問卷

| 課程名稱 | 故事行銷寫作 | | | | | |
|---|---|---|---|---|---|---|
| 日期 | 年　月　日 | | 時間 | 共　　小時 | 記錄人員 | |
| **隱性知識**<br>本單元授課內容讓你聯想到什麼？<br>請舉例說明？為何有此聯想？ | | | | | | |
| **顯性知識**<br>1.本單元中印象最深刻的授課內容為何？請舉例說明。<br>2.課程活動中，印象最深刻的事件或人，請舉例說明。 | | | | | | |
| **顯性加隱性知識產生新知識**<br>1.經過本單元的課程，你學到哪些過去不知道的知識？請舉例說明。<br>2.經過本單元的課程，你體會到哪些過去不曾體會的感受或啟發？請舉例說明。 | | | | | | |

---

7　柏尼・崔林（Bernie Trilling），查爾斯・費德（Charles Fadel）著；劉曉樺譯：〈前言〉，《教育大未來：我們需要的關鍵能力》（台北：如果出版社，2012年1月），頁33。

## 學生自我觀察質性問卷（作品完成）

| 課程名稱 | 故事行銷寫作 | | | | | |
|---|---|---|---|---|---|---|
| 日期 | 年　月　日 | 時間 | 共　小時 | | 記錄人員 | |
| 1. 你的作品有沒有跟過去不同的創新點？是應用過去熟悉的架構或者有新意（概念、創新結構、用詞、鋪陳……）？請舉例。 | | | | | | |
| 2. 如果把學習的時間劃分成三階段，開課前、學習理論知識後、進入場域後：<br>A.這些創新點在開課前就有類似的概念嗎？請簡述概念。<br>B.或者，這些創新點是來自上課後學習知識理論的延伸？請簡述哪些理論概念。<br>C.或者，這些創新點是來自進入場域後，場域的地方知識所觸發？請簡述哪些地方知識對你最有觸發。 | | | | | | |
| 3. 創作是整合性的成果，但若對你自己的創作分析，請思考，來自你「既有的知識體系」、「上課理論知識」、「地方實作知識」，各占比例多少？ | | | | | | |
| 4. 請分別說明你對「上課理論知識」、「地方踏查知識」哪個部分印象最深？請舉例並說明理由。 | | | | | | |
| 5. 除了「直覺（內隱）」、「上課理論知識」與「地方踏查知識」之外，你的創作還受到哪些影響？ | | | | | | |

### B. 「文化創意與實務」課程

#### 知識論評量問卷

| 評量問題 | 知識指標<br>評量工具 | 共同化 | 外化 | 結合 | 內化 |
|---|---|---|---|---|---|
| 量化 | 前測後測問卷／本人設計、學生填寫 | ➢ 能自我回饋，回顧學習的內容<br>➢ 對新的議題及不同領域的知識感到有興趣<br>➢ 我具備溝通與交流能力<br>➢ 我具備良好的學習氣質及習慣 | ➢ 我具備分析問題及批判的思考能力<br>➢ 在團隊合作過程中，我可以做到主觀及客觀思考的平衡<br>➢ 透過接觸更了解「人」之後，我會產生新的感覺或情感連結<br>➢ 這個課程或活動非常有趣<br>➢ 整個課程或活動令我感到愉快 | ➢ 我覺得課程及活動提供我驗證理論與實務的機會<br>➢ 我能獲得未來工作所需的知能<br>➢ 我具備社會責任的概念<br>➢ 我能夠了解跨領域學習的價值（包括跨域議題及領域）<br>➢ 我可以對各種形式的媒體（圖像、文字、聲音）提出自己的想法 | ➢ 請用二句話說明你在這堂課的學習及收穫<br>➢ 課程及活動可以增加我對實務議題或實作場域的認識及了解<br>➢ 此課程或活動引發我求知的好奇心<br>➢ 透過整合不同學科的知識，對資訊及行為可以產生新的觀點<br>➢ 我具備跨學科整合的邏輯與綜整能力<br>➢ 我能夠提出充分合理而完整的論點<br>➢ 我能闡釋對我最有價值的知識<br>➢ 我能輕鬆地判斷出最符合我學習需求且有用的資訊<br>➢ 我能在學習中融入新的知識與技術 |
| 質化 | 業師觀察記錄／本人設計、業師填寫 | | ➢ 學生文化元素運用情形<br>➢ 學生學習態度表現 | ➢ 學生設計表現 | ➢ 學生創意表現 |

| 評量問題 | 知識指標 / 評量工具 | 共同化 | 外化 | 結合 | 內化 |
|---|---|---|---|---|---|
| 質化 | 學生心得／本人設計、學生填寫 | ➢ 對於台灣最有印象的文化為何？<br>➢ 對於哪件文創商品最有印象？原因為何？<br>➢ 在社區田調時，印象最深的人／事／地／景為何？請舉例並說明原因。<br>➢ 在十字分析課程中，你覺得你所準備的材料有哪些需要增加？原因為何？ | ➢ 「認識『文化創意產業』中的文化」，此單元中印象最深刻的內容為何？<br>➢ 如何產出文創商品？重要元素為何？<br>➢ 如何採錄社區文創元素？<br>➢ 如何進行創意發想，可運用哪些方法？ | ➢ 在「工坊一」中，你對於藍染的認識為何？請說明<br>➢ 你的藍染作品有哪些想法是來自於老師課堂的教授（請註明哪位老師）？哪一部分想法來自自身經驗？<br>➢ 貴組在討論的過程中，如何產生共識 | ➢ 你的藍染作品是什麼？設計的主要理念請做描述<br>➢ 此教學模式，有助於文創興趣的提升 |
| | 學生作品／本人設計、本人填寫 | ➢ 文化元素的融入 | ➢ 創意與文化的結合情形 | ➢ 型染創意、相框整體設計<br>➢ 創意綁染整體呈現<br>➢ 詩歌創作 | |

### （4）創發工具表單

　　本人因課程之需要自製，並與業師討論設計輔助課程創發相對應之工具表單，以引領學生完成結合專業知識之思考性高階任務，也促進學生體驗學習後反思之進行。

### A.「文化創意與實務」課程

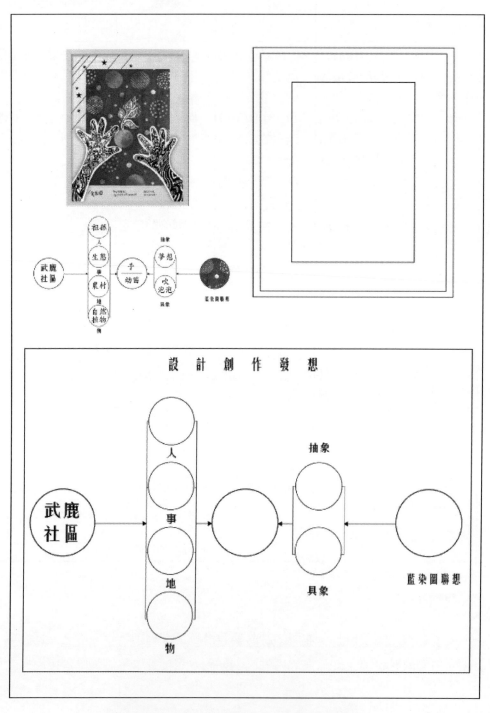

**思考路徑引導工具表單（林育如老師提供）**

### B.「文案寫作」課程

| 撰作物件 | 商品 | 武鹿地區 |
|---|---|---|
| 物件 | | |
| 目標客群 | | |
| 標語 | | |
| 標題 | | |
| 導言 | | |
| 正文 | | |
| 結語 | | |

### （5）創新教學模組

以體驗融入課程之新創課程架構，皆可提供其他教師參考。如「故事行銷寫作」課程。

## 「故事行銷寫作」課程進度表

| 週次 | 課程主題 | 內容說明 | 教學法 | 學習目標（學習表現） | 評量方式 | 場域關聯 |
|---|---|---|---|---|---|---|
| 第一週 | 「故事行銷」定義 | 課程簡介與分組，說明課程評分標準。何謂故事行銷？故事力的重要、行銷理論講述 | 講述法、影片示範、提問式 | 理論認知奠基 | 提問 | 認識場域 |
| 第二週 | 1 故事蒐集 2 認識社區 3 採訪重點 | 故事力的蘊積方式、社區相關資料分析、採訪技巧與實際演練 | 講述法、示範與實務操作 | 採訪技巧 | 演練 | |
| 第三週 | 資料如何蒐集 | 武鹿社區踏查與訪問（蒐集創作素材照片、影片） | 探索教育、實務演練 | 如何取材 | 學習單 | 蒐集場域問題 |
| 第四週 | 行銷故事如何開始？ | 觸發點、故事素材、故事篇名擬定技巧（討論已蒐集之社區資料及撰作方向） | 講述法、影片示範、示範與實務演練 | 踏查後反思（第一層 Reporting）完成故事篇名擬定 | 演練——取材 | 分析場域問題 |
| 第五週 | 行銷與故事的關係 | ■業師 鄭緯荃 行銷理論與運用、個案分析 | 協同教學法、個案分析法 | 認識故事行銷方式 反思（第二層 esponding） | 回饋單 | 解決場域問題策略 |
| 第六週 | 行銷故事如何安排？ | ■業師 鄭緯荃 結構安排、段落綱要、故事起始之技巧 | 講述法、影片示範、示範與實務演練 | 完成故事起始撰作 反思（第三層 Relating） | 演練 | |
| 第七週 | 行銷故事如何精彩？ | ■業師 鄭緯荃 對白的重要性、對白設計技巧 | 講述法、影片示範、示範與實務演練 | 完成故事對白設計 情感培養 | 演練——文字運用／示範 | |

| 週次 | 課程主題 | 內容說明 | 教學法 | 學習目標（學習表現） | 評量方式 | 場域關聯 |
|---|---|---|---|---|---|---|
| 第八週 | 行銷故事如何結束？ | 故事內容鋪陳（敘寫、串接）、故事如何結尾 | 講述法、影片示範、示範與實務演練、提問式 | 完整故事書寫反思（第四層Reasoning）反思（第五層econstructing） | 演練——謀篇／提問　演練——鼓舞行動 | |
| 第九週 | 個人故事書寫 | 個人故事寫作理論與要訣、個案解析 | 講述法、影片示範、個案分析法 | 理論認知 | 演練 | |
| 第十週 | 品牌故事書寫 | 品牌故事寫作理論與要訣、個案解析 | 講述法、影片示範、個案分析法、提問式 | 理論認知反思（第四層Reasoning） | 練習表單、深度訪談 | |
| 第十一週 | 服務故事書寫 | 服務故事寫作理論與要訣、個案解析 | 講述法、影片示範、個案分析法 | 理論認知反思（第四層Reasoning） | 演練——價值導入／示範 | |
| 第十二週 | 圖文編輯 | ■圖文編輯知識導讀　業師徐千舜 | 協同教學法、影片示範、個案分析法 | 美學素養理論認知 | 提問 | |
| 第十三週 | 圖文編輯 | ■圖文編輯技巧教導　業師徐千舜　完成撰作故事及排版用照片每人至少十張 | 協同教學法、實務操作、數位學習導入 | 美學素養理論化為實務：修圖技巧 | 上機實作表現 | |
| 第十四週 | 圖文編輯 | ■圖文編輯技巧教導　業師徐千舜　（完成個人社區相關故事並上傳系統） | 協同教學法、實務操作、數位學習導入 | 美學素養理論化為實務：排版技巧合作情形 | 成品、心得採錄 | |

| 週次 | 課程主題 | 內容說明 | 教學法 | 學習目標（學習表現） | 評量方式 | 場域關聯 |
|---|---|---|---|---|---|---|
| 第十五週 | 敘事策略 | 如何說出一個好故事：說故事技巧解說（每組彙整編排完成武鹿社區故事集） | 實務操作、數位學習導入、合作學習 | 理論化為實務：圖文整合技巧反思（第五層 Reconstructing） | 成品 | 實踐解決場域問題 |
| 第十六週 | 敘事策略 | 演練如何說故事 | 講述法、影片示範、實務演練 | 口語敘述能力 | 評量表 | |
| 第十七週 | 成果展 | 期末提報及成果展示 | 合作學習、講述法、提問式、成果展示 | 口語敘述能力觀摩學習 | 同儕評量表、社區人員參與評量 | |
| 第十八週 | 檢討與反思 | 課程檢討與補充 | 講述法、提問法 | 思考能力 | 問卷、回饋單 | |

## （二）貢獻

## 1 學生面

## （1）產學合作引領

美國教育思想家杜威認為「教育在本質上就是社會維繫其生存與發展的一種歷程，而教育在形式上，不應孤立於社會環境之外。」[8]如學校為培育社會所需重要人才之搖籃，須提供學生與業界合作之機會。如此，學生才能真切明瞭服務對象之所需，進而體悟自己所學該如何展現。正如現代管理學之父彼得‧杜拉克（Peter Ferdinand Drucker）認為：

> 「沒有顧客就沒有企業」，只有顧客才能給予企業資源、賦予企業完整的形

---

8　歐陽慧剛、張瑞剛：〈應用多媒體與數位學習於博雅課程教學之探討〉，全校型中文閱讀書寫課程革新推動計畫：《2019跨域敘事與教學創新學術研討會會議手冊》（台中：靜宜大學，2019年1月），頁139。

象，企業必須確實了解顧客物質與精神上的需求，並建構能夠得到認同的價值觀，來吸引顧客。亞馬遜創辦人傑夫・貝佐斯（Jeff Bezos），最著名的經營理念之一就是顧客第一，並秉持要努力改革，讓已習慣滿足現況的顧客，得到更好的服務。[9]

本人透過學校與業界協同教學、培育產業所需人才，<u>更積極帶領學生與業界進行產學合作，使學生了解業界真實需要。產學合作過程中，對於參與工作之人員、研究助理皆可獲得訓練。</u>

## A. 產學合作：「主動走進校園節能及綠能宣導」教案規劃設計

知識是後資本主義社會中最有價值的資源，知識的傳承於企業而言是一極具重大意義的工作。台電一向積極走進校園宣導節能及綠能的觀念，然礙於台電人員專業知識充足，但對於教學方法、教學策略較不熟稔，因此較難引起學生的興趣與共鳴。本案希望藉由生動活潑具創意的教案設計、教具輔助，讓學生們認識綠色能源，清楚知道我們今日該有的生活態度，期許節能省電能成為每位學子的生活準則，體認地球永續發展是每個人的責任，進而更重視我們的生活環境，共同為永續發展的生活環境盡一份心力。

本案乃針對「節能省電」、「綠色能源」製作具策略的教案、相關輔佐教具、道具，蒐羅或製作相關影片使課程更具活潑生動，以創新的教學方式，俾引起學子的求知欲望。於教案完成後，更進行至少一場的教育訓練，利用 SOP 的流程規劃教導，使台電講師，能了解此教案的使用方式，並能於宣導時達到宣導最高成效。

---

9 川上徹也著、黃立萍譯：〈成功法則四〉，《為什麼超級業務員都想學故事銷售：5大法則，讓你的商品99%都賣掉》（台北：大樂文化出版社，2016年3月），頁199。

### a. 國小教案設計

## 節能省電

| 活動名稱 | 節能省電 | 教學年級 | 國小四年級 |
|---|---|---|---|
| 教學時間 | 40分鐘 | 教學者 | |
| 設計理念 | 隨著社會的進步與發達，人們享用了更多的資源，但是當我們使用更多的資源，若是不懂得好好珍惜與節省使用，我們的資源總有一天會耗盡，所以從小培養愛護資源與節省能源是很重要的，如隨手關燈、關水……，都是節約能源的方法。希望透過這次的闖關活動，宣導節約能源的方式，讓每位同學都能成為「節能小尖兵」。 | | |
| 教學研究 | 【教材分析】<br>告訴同學在生活中就可進行節能減碳的工作，減緩地球暖化的危機，一起愛護資源的概念。例如認識節能標章、認識 LED 燈、上下樓梯3樓用走路可以省電等概念。 | | |

| 教學活動 | 教學資源 | 時間（分） | 評量 |
|---|---|---|---|
| 引導活動：希望在前一堂下課時開始準備，不動用到宣導時間，前置作業主要是佈置場地及關卡。<br>講述遊戲規則：共有七個關卡，每一關卡都有特別的過關方式，如果答對將會得到一塊彩色的地球拼圖，如果答錯將得到黑白的地球拼圖。<br><br>遊戲目的：湊滿七塊地球拼圖，將其拼成，正確且最快的組別將得到獎勵。<br><br>立體彩色地球拼圖照片如下：<br> | 節約能源宣傳單（每組一張） | 5 | 【記憶評量】<br>用短時間內記憶關鍵的字詞，使闖關過程中更順利並考驗團隊合作。 |

| | | | |
|---|---|---|---|
| 發展活動：依照人數分成三組，每一組有一位隊輔，之後每組發下提示板，讓小朋友先看有關於節約能源的宣傳單知識，以便進行接續的活動，計時5分鐘讓小朋友記住宣傳單上面的知識。<br><br>遊戲過程：三組遊戲同時進行，每一組闖關的遊戲時間不一定，有的只需要口頭回答問題，有的需要操作器具才能過關，隊輔同時擔任關主的角色，需要告知關卡內容並且過關後要給予地球拼圖。<br><br>共有7關，每一關卡皆有一個題目版。<br><br> | | | |
| 關卡內容：<br>1.因為能源取得不易，故要節約能源，我們可以從以下哪一項開始做？<br>　（1）省電<br>　（2）電腦不隨便關機<br>　（3）買貴一點的東西品質比較好<br>（此題直接口述作答）答案：【1】 | 題目板 | 1 | 【口頭評量】能回答出正確選項，即可得到一塊彩色拼圖。 |
| 2.要節約電源的使用，在冷氣使用方面，調到哪種溫度最適宜？並且配合電扇使用。<br>　（1）18-20度<br>　（2）21-23度<br>　（3）24-25度<br>　（4）26-28度<br>答案：【4】<br>（備註：此題為選擇題，但選擇方式以射飛鏢的方式進行，此為安全飛鏢） | 題目板及飛鏢一組 | 5 | 【操作評量】射到正確的數字，即可過關。 |

| | | | |
|---|---|---|---|
| 3.家庭節電的小撇步,搭乘電梯的原則是上下幾層樓不搭電梯?<br>(1)10層<br>(2)8層<br>(3)5層<br>(4)3層<br>答案:【4】<br>(選擇方式以套圈圈進行)<br> | 題目板及套圈圈道具一組 | 3 | 【操作評量】把正確的答案,投到正確的數字,即可過關。 |
| 4.照明設備中,下列哪一類型比較省電?<br>(將準備各式照明設備,例如手電筒、燈泡等等,讓各組選擇,基本上只要選到 LED 照明的都算答對,此題教具一組,所以先到此關的組別可優先作答,但選完的東西需放回) | 照明設備圖片一組 | 2 | 【操作評量】能選出 LED 燈的照明設備,LED 燈的特色是顏色繽紛、燈泡較小。 |
| 5.選購電器、瓦斯爐具、車輛等產品,請認明哪種標章,省能又省錢。<br>(將準備各式各樣的標章,最快選對的那組將獲勝,此題教具一組,所以先到此關的組別可優先作答,但選完的東西需放回) | 各式各樣的標章一組 | 2 | 【口頭評量】能選出節能標章。 |
| 6.問答題<br>每組請回答生活上如何直接又實際的進行節約能源。<br>(每組要實際演出來) | 題目板 | 5 | 【操作評量】能表達出正確的節能方式,例如多搭乘大眾運輸……。 |

| 7.繪畫題<br>　每組請創作出一個節能城市的畫作<br>　（或家庭） | 圖畫紙3張、水彩3組、蠟筆3組、彩色筆3組 | 7 | 【操作評量】運用創意與想像力創作出未來節能城市。並進行說明繪畫之內容與想法。 |
| --- | --- | --- | --- |
| 8.頒獎活動<br> | 獎品一組 | 10 | 備註：獎品可自行調整。 |

備註：

1. 隊輔可以在活動過程中輔助小朋友闖關，如果闖關成功，則給予小朋友一塊彩色的地球拼圖。

2. 每次活動闖關時間不一定，可以依照活動時間進行調整，例如：實驗跟繪畫題會花費較多的時間，而口頭回答的題目可以較快完成。

3. 闖關活動除了比賽速度之外，也要比正確度，畢竟本教案著重在正確知識的宣導。

## 綠色能源

| 活動名稱 | 綠色能源 | 教學年級 | 國小三年級 |
|---|---|---|---|
| 教學時間 | 40分鐘 | 教學者 | |
| 設計理念 | 藉由這次闖關活動，讓小朋友認識綠色能源，並了解綠色能源對於地球環保的重要性。 | | |
| 教學研究 | 【教材分析】<br>讓小朋友可以認識何謂「綠色能源」，並認識綠色能源的種類如太陽能、風能、水能、海洋能、地熱能……，這些稱為再生能源，可以再生循環，降低污染，改善環境品質。 | | |

| 教學活動 | 教學資源 | 時間（分） | 評量 |
|---|---|---|---|
| 引導活動：希望在前一堂下課時開始準備，不動用到宣導時間，前置作業主要是佈置場地以及關卡。<br><br>講述遊戲規則：共有七個關卡，每一關卡都有特別的過關方式，如果答對將會得到一塊彩色的地球拼圖，如果答錯將得到黑白地球拼圖。<br><br>遊戲目的：湊滿七塊地球拼圖，將其拼成，最快而且拼出最少黑色拼圖的組別將得到獎勵。<br><br>發展活動：依照人數分成三組，每一組有一位隊輔，每組先發下關於綠色能源介紹的提示板，讓小朋友可以有先備知識，以利後續活動之進行，計時3分鐘讓小朋友記下綠能相關知識。<br><br>遊戲過程：三組遊戲同時進行，每一組闖關的遊戲時間不一定，有的只需要口頭回答問題，有的需要操作器具才能過關，隊輔同時擔任關主的角色，需要告知關卡內容並且過關後要給予地球拼 | 提示板3組 | 5 | 【記憶評量】<br>用短時間內記憶關鍵的字詞，使闖關過程中更順利並考驗團隊合作。 |

| 圖。<br>共有7關，每一關卡皆有一個題目版。 | | | |
|---|---|---|---|
| 關卡內容：<br>1.我們家裡有電可用，請問電的來源是？<br>　（1）打雷<br>　（2）雷神索爾<br>　（3）火力、風力、水力或核能發電<br>答案：【3】（此題直接口述作答） | 題目板 | 1 | 【口頭評量】<br>能回答出正確選項，即可得到一塊彩色拼圖。 |
| 2.因為能源總會有使用完的一天，所以當前我們要發展？<br>　（1）外太空找尋能源<br>　（2）再生能源或是綠色能源<br>　（3）野外求生<br>答案　：【2】<br>（此題為選擇題，但選擇方式以射飛鏢的方式，要將正確答案，射到正確選項。）<br> | 題目板及飛鏢一組 | 5 | 【操作評量】<br>把正確的答案，射到正確的數字，即可過關。 |
| 3.我們在西部海岸線，常常會看見3葉的螺旋槳在轉動，請問它是？<br>　（1）裝飾用<br>　（2）台電的風力發電機<br>　（3）風向儀<br>答案：【2】<br>（選擇方式以套圈圈進行，每組皆有一組套圈圈教具）<br> | 題目板及套圈圈道具一組 | 3 | 【操作評量】<br>把正確的答案，投到正確的數字，即可過關。 |

| 4.在眾多的發電設備裡面找出三個環保的能源。<br>備註：準備各式發電圖片，讓各組選擇。 | 發電圖片一組 | 2 | 【操作評量】<br>能選出三個環保能源。 |
|---|---|---|---|
| 5.每組將抽一張卡片，卡片中有太陽能、水力發電、風力發電、核能等等，小朋友進行討論並回答他們那組抽到卡片在現實生活中的應用情形，可以創作（即代表現實中還沒有的）。<br><br>備註：此題口說回答，由各組把關人員判斷是否通過此關卡。 | 題目板 | 2 | 【口頭評量】<br>運用創意與想像力，回答出發電在日常生活的應用。 |
| 6.實驗題<br>準備一組風力發電的教具，讓上面LED燈亮起的組別就可過關。<br> | 風力發電一組 | 5 | 【操作評量】<br>能運用創意力將風車轉動使上面的LED燈發光。 |
| 7.繪畫題<br>每組請用班上可找到的環保素材，如可回收垃圾、樹枝、竹竿來拓印、畫畫，創作出未來可能的綠色能源世界（或綠色能源發電裝置）並進行說明。 | 圖畫紙3張、水彩3組、蠟筆3組、彩色筆3組 | 7 | 【操作評量】<br>可以運用教室內的環保材料進行繪畫。 |
| 8.頒獎活動 | 獎品一組 | 10 | 備註：獎品可自行調整。 |

備註：

　　1. 隊輔可以在活動過程中輔助小朋友闖關，如果闖關成功，則給予小朋友一塊彩色的地球拼圖。

　　2. 每次活動闖關時間不一定，可以依照活動時間進行調整，例如：實驗跟繪畫題會花費較多的時間，而口頭回答的題目可以較快完成。

　　3. 闖關活動除了比賽速度之外，也要比正確度，畢竟本教案著重在正確知識的宣導。

## b. 國中教案設計

### 節能省電

| 活動名稱 | 節能省電 | 教學年級 | 國中七年級 | | |
|---|---|---|---|---|---|
| 教學時間 | 45分鐘 | 教學者 | | | |
| 教學方法 | 講述法、遊戲法、提問法、實驗法、發表法 | | | | |
| 教學活動 | | 教學資源 | 時間（分） | 教學方法 | |
| 一、準備活動<br>將關卡裝置完畢並將寶箱及贈品放置講桌上。<br>（於課前準備）<br><br> | | 各關卡物件、題目板、寶箱、贈品 | | | |

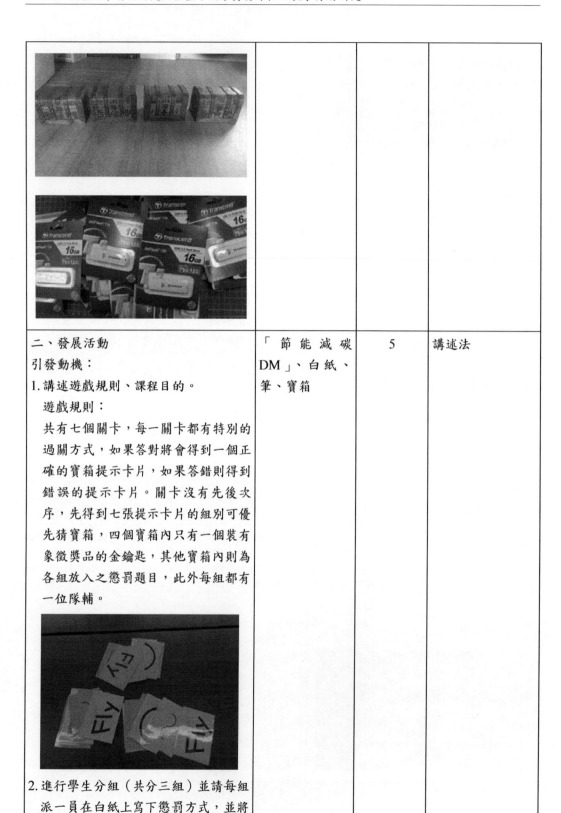

| 二、發展活動 | 「節能減碳 | 5 | 講述法 |
| --- | --- | --- | --- |
| 引發動機： | DM」、白紙、 | | |
| 1.講述遊戲規則、課程目的。 | 筆、寶箱 | | |
| 　遊戲規則： | | | |
| 　共有七個關卡，每一關卡都有特別的 | | | |
| 　過關方式，如果答對將會得到一個正 | | | |
| 　確的寶箱提示卡片，如果答錯則得到 | | | |
| 　錯誤的提示卡片。關卡沒有先後次 | | | |
| 　序，先得到七張提示卡片的組別可優 | | | |
| 　先猜寶箱，四個寶箱內只有一個裝有 | | | |
| 　象徵獎品的金鑰匙，其他寶箱內則為 | | | |
| 　各組放入之懲罰題目，此外每組都有 | | | |
| 　一位隊輔。 | | | |
| 2.進行學生分組（共分三組）並請每組 | | | |
| 　派一員在白紙上寫下懲罰方式，並將 | | | |

| | | | |
|---|---|---|---|
| 這些懲罰放入空的寶箱內（裝有金鑰匙以外的其他寶箱）。<br>3.講師將「節能減碳 DM」發給各組隊輔，由隊輔帶領學生閱讀（亦可讓學生自行閱讀）。 | | | |
| 三、遊戲開始<br>1.要節約電源的使用，在冷氣使用方面，調到哪種溫度最適宜？<br>　讓學生以射飛鏢的方式，射出數字總合為26-28皆算過關。<br>　（1）18-20度<br>　（2）21-23度<br>　（3）24-25度<br>　（4）26-28度，並且配合電扇使用<br>答案：【4】<br> | 飛鏢組、題目板 | 5 | 遊戲法<br>玩法：射飛鏢 |
| 2.照明設備中，下列哪一類型比較省電？<br>　讓學生以套圈圈的方式，套出數字3則算過關。<br>　（1）鹵素燈<br>　（2）日光燈<br>　（3）LED 燈<br>　（4）水銀燈<br>答案：【3】<br> | 套圈圈組、題目板 | 3 | 遊戲法<br>玩法：套圈圈 |

| 3.請利用水果進行發電,照亮黑盒子中的謎題並回答題目。<br>題目為:電冰箱要省電,背面、左右兩側最好離牆壁幾公分為佳?<br>答案:【10公分】<br> | 水果發電裝置、題目板 | 5 | 實驗法 |
|---|---|---|---|
| 4.能源效率分級標示為1~5級,用電較少的是幾級?<br>讓學生以丟球的方式,將手中的球丟至正確的數字答案字牌則過關。<br>答案:【1級】<br> | 數字牌、球、題目板 | 3 | 遊戲法<br>玩法:丟球法。 |
| 5.請同學們派出一人,抽三張題目卡比手畫腳,讓隊友猜出此節能的方法。<br>限時3分鐘,如超過時間就算失敗。<br> | 節能方法題目卡數張 | 3 | 發表法 |

| 教學活動 | 教學資源 | 時間（分） | 教學方法 |
|---|---|---|---|
| 6.請回答出目前日常生活中五種常見的節能裝置。計時3分鐘。 | | 3 | 發表法 |
| 7.請發揮想像力，在畫紙上共同創作出目前還未開發之未來世界的節能裝置。繪畢須選一位同學對講師進行說明與分享概念。 | 圖畫紙、色筆 | 8 | 創作法 |
| 四、總結<br>1.將各組繪製的創意節能裝置圖，以繳交先後順序，請各組推派一人進行解說，並由講師進行評語，合格者得優先選擇寶箱。<br>2.懲罰：寶箱依序開出，猜錯隊伍將進行「懲罰」。<br>3.頒獎：優勝隊伍進行頒獎。 | 獎品 | 10 | |

# 綠色能源

| 活動名稱 | 綠色能源 | 教學年級 | 國中八年級 |
|---|---|---|---|
| 教學時間 | 45分鐘 | 教學者 | |
| 教學方法 | 發表法、講述法、提問法、實驗法、遊戲法 | | |

| 教學活動 | 教學資源 | 時間（分） | 教學方法 |
|---|---|---|---|
| 一、準備活動<br>將關卡裝置完畢並將寶箱及贈品放置講桌上。<br>（於課前準備）<br> | 各關卡物件、題目板、寶箱、贈品 | | |

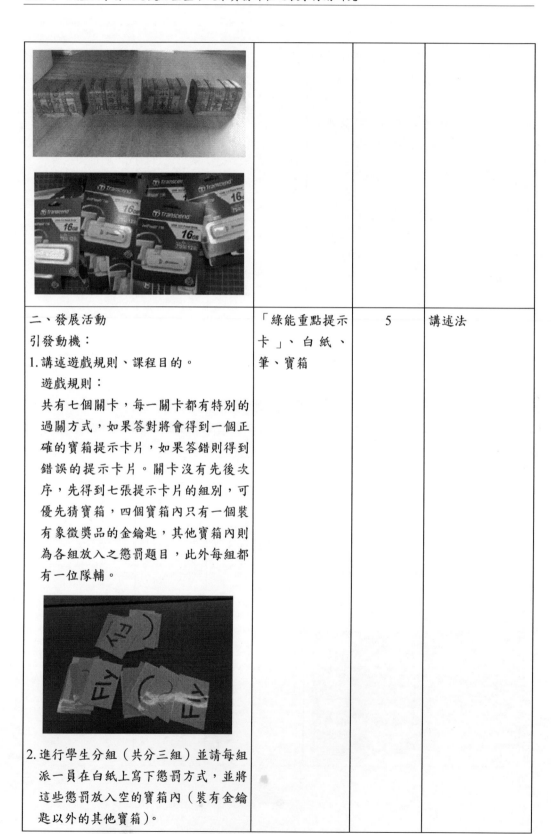

| | | | |
|---|---|---|---|
| 二、發展活動<br>引發動機：<br>1.講述遊戲規則、課程目的。<br>　遊戲規則：<br>　共有七個關卡，每一關卡都有特別的<br>　過關方式，如果答對將會得到一個正<br>　確的寶箱提示卡片，如果答錯則得到<br>　錯誤的提示卡片。關卡沒有先後次<br>　序，先得到七張提示卡片的組別，可<br>　優先猜寶箱，四個寶箱內只有一個裝<br>　有象徵獎品的金鑰匙，其他寶箱內則<br>　為各組放入之懲罰題目，此外每組都<br>　有一位隊輔。 | 「綠能重點提示<br>卡」、白紙、<br>筆、寶箱 | 5 | 講述法 |
| 2.進行學生分組（共分三組）並請每組<br>　派一員在白紙上寫下懲罰方式，並將<br>　這些懲罰放入空的寶箱內（裝有金鑰<br>　匙以外的其他寶箱）。 | | | |

| | | | |
|---|---|---|---|
| 3.講師將「綠能重點提示卡」發給各組隊輔，由隊輔帶領學生閱讀（亦可讓學生自行閱讀）。 | | | |
| （二）遊戲開始<br>1.水力發電是利用哪一種能量，來產生電能？<br>　（1）動能<br>　（2）位能<br>　（3）風能<br>　（4）核能<br>答案：【2】<br>讓學生以射飛鏢的方式，射到數字2算過關。<br> | 飛鏢組、題目板 | 5 | 遊戲法<br>玩法：射飛鏢 |
| 2.風力發電是利用哪一種能量，來產生電能？<br>　（1）動能<br>　（2）位能<br>　（3）風能<br>　（4）核能<br>讓學生以套圈圈的方式，套出數字1則算過關。<br>答案：【1】<br> | 套圈圈組、題目板 | 3 | 遊戲法<br>玩法：套圈圈 |

| | | | |
|---|---|---|---|
| 3.綠色電力是指生產電力過程中，它的哪一種氣體排放量為零或趨近於零？<br>玩法：請在標註英文單字或數字卡片中找到對的卡片並放置正確組合位置。<br>答案：【$CO_2$】<br> | 英文卡、數字卡、題目板 | 3 | 遊戲法 |
| 4.因應台灣的地理環境和產業趨勢，台電現階段推動再生能源主要以哪兩個為主？並舉例日常生活中的裝置。<br>答案：【風力發電及太陽光電】 | 題目板 | 2 | 提問法 |
| 5.綠能產業中，風力發電是重點之一，台灣電力公司和民間的共同努力下，迄2015年9月底止，國內已建置幾部風力發電機組？<br>答案：【325部】<br>玩法：知道答案後，將手中的球對著數字牌丟下，只能打下三個，並將其排列成正確答案。<br> | 題目板、丟球組 | 3 | 遊戲法<br>玩法：丟下數字牌並進行排列。 |
| 6.下列裝置皆為簡易發電裝置，請在6分鐘內讓所有裝置皆能啟動（有電），並回答哪些為綠能。 | 發電裝置（風力、水力、火力） | 6 | 實驗法<br>玩法：操作簡易發電裝置，並回答問題。 |

| | | | |
|---|---|---|---|
| 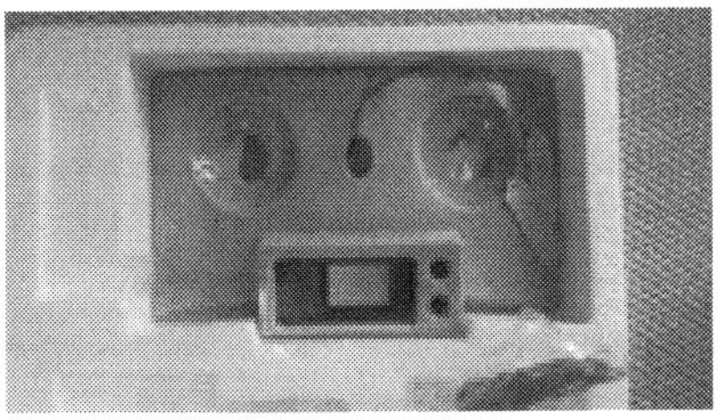    | | | |
| 7.請在畫紙上創作出綠能的世界，圖中至少須有三項綠能發電。繪畢須選一位同學對講師進行說明與分享概念。 | 圖畫紙、色筆 | 8 | 創作法 |
| 四、總結<br>1.結語：將各組繪製的綠能世界，以繳交先後順序，請各組推派一人進行解說，並由講師進行評語，合格者得優先選擇寶箱。<br>2.懲罰：寶箱依序開出，猜錯隊伍將進行「懲罰」。<br>3.頒獎：優勝隊伍進行頒獎。 | 獎品 | 10 | |

### C.實作照片

#### a.國小實作

（一）節能省電教案實作情形（梧棲國小）

努力記住節約能源宣傳單上的知識

以題目板提出關卡問題

同學正在思考答案

找出哪一類型照明設備比較省電

（二）綠色能源教案實作情形（梧棲國小）

講述遊戲規則

答對將得到一塊彩色地球拼圖

| 以題目板提出關卡問題 | 試著讓 LED 燈亮起 |
| --- | --- |

## b. 國中實作

### （一）節能省電教案實作情形（啟新國中）

| 放懲罰題目進寶箱 | 答對關卡題目即可得到寶箱提示卡 |
| --- | --- |

| 努力閱讀「節能減碳 DM」 | 頒獎活動 |
| --- | --- |

### （二）綠色能源教案實作情形（啟新國中）

講述闖關規則

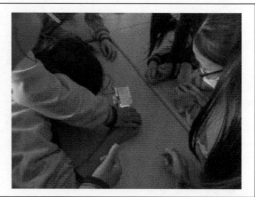

火力發電實驗

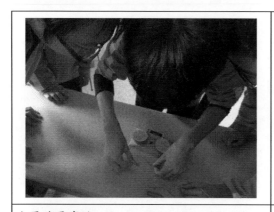

水果發電實驗

創作未來綠色能源世界

### c. 教育訓練實況

教育訓練道具

說明如何進行活動

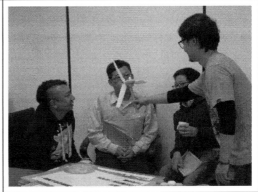

| 解說活動進行方式 | 示範如何使用道具 |

### B. 產學合作：「台中觀光產業故事行銷——專書採錄」

　　為推廣台中深度體驗式觀光旅遊，台中市政府經發局邀集台中觀光工廠、體驗店家、文化館及博物館等二十家業者，成立「台中市產業故事館發展協會」，首任會長由台灣味噌釀造文化館暨味榮食品總經理許立昇擔任，副理事長則由寶熊漁樂館長吳德利出任，未來希望邀請更多業者加入。協會將整合三級產業，一同推動產業觀光、深度旅遊、溯源體驗、區域振興、文化創意，並運用故事和社群媒體行銷，以及虛擬實境、擴增實境等技術，達到精緻化、客製化服務，吸引更多國內外觀光客造訪台中，國內遊客延長停留時間，甚至住宿，藉此全面帶動台中觀光發展。

　　uStory 有故事股份有限公司與靜宜大學中國文學系合作，透過深度採訪，以文字、照片及影音等多元素材，彙集出版，以呈現多家業者的特色，並搭配台中世界花卉博覽會期間的優惠配套體驗活動，大力推動台中的文化觀光產業。本計畫透過專書出版，達到以下目標：

（一）共同培力參與學生具有採訪、寫作、編輯、出版及行銷的實作能力。

（二）增加參與學生與產業界深度接觸，媒合、創造學生未來就業的機會。

（三）增進並凸顯靜宜大學的教學特色，透過新書發表會提高靜宜能見度。

（四）共同協助受訪的十九家業者，塑造品牌形象、極大化媒體曝光效益。

簽訂產學合作：

進行採訪：

相關報導：

## C.「醫學人文故事採錄」產學合作

　　2021年7月與聯合報旗下有故事公司簽訂「醫學人文故事採錄」產學合作，帶領學生採訪八位曾獲「台灣醫療典範獎」的醫師（賴德仁、黃碧桃、張金堅、謝卿

宏、許權政、蔡輔仁、王乃弘、李茂盛），為其書寫「故事」，並放置「醫學有故事」平台。藉此彰顯「台灣醫療典範獎」得主之傑出表現。也藉此案培養學生以下能力：

一、培養同學<u>採訪、攝影、寫作、編輯、社群行銷的一貫能力。</u>

二、培養同學<u>跨領域溝通與學習的綜合性能力。</u>

三、透過在地化的專業培養及跨領學習，<u>培養就業能力。</u>

四、<u>建立靜宜中文系與在地連結。</u>

## （2）證照／競賽輔導取得

中文系一向覺得技能方面的證照與我們無關，殊不知「證照不是在職場立足的絕對護身符，卻是有效的敲門磚」[10]，也是學生的定心丸。有了證照的認可，學生對自己在此領域的學習也有了被肯定的感覺。相對更有自信。張世忠說：

> 教師必須激起並引導學生自動自發，刺激學生學習，不能取代他們學習。
> 教學成效的高低，不在於教師教了多少知識給學生，更重要的是在於吸引

---

10 呂宗昕：〈迅速考取證照的「倒金字塔型準備法」〉，《π型人：職場必勝成功術》（台北：商周出版社，2009年2月），頁181。

多少學生主動學習，激發學生多少學習動機和興趣，改變學生多少學習態度，可啟發學生認知到多少。[11]

　　如何證明自己擁有企劃的能力，若有第三單位以公正客觀的方式驗證，則不失為證明的一個方式。目前企劃證照龐雜，如何選取較具公信力之單位。本人選定「TBSA 社團法人台灣商務策劃協會」所舉辦之證照考試為方向。本人參加其初階企劃課程、進階企劃課程，並參與其認證考試。深覺此單位公正、客觀、考試嚴格。因此帶領學生考取此證照。

　　TBSA 商務企劃能力進階檢定標準，採用五張「企劃工具表單」書面審查，加上筆試測驗。藉此可檢測學生經過一學期的學習，對於策略思考、企劃程序及企劃工具綜合應用能力之獲得與否。若經此嚴格的評定，學生獲取證照，信心將加倍，也更加肯定學校教育的重要。此外，更藉由帶領並輔導學生參與各式校內外競賽，讓學生藉此驗證學習成效，也增加學生自信心。

取得「TBSA 商務企劃能力進階檢定」

| 年度 | 證照考試 | |
|---|---|---|
| 105 | TBSA 企劃能力進階證照考試 | 22位通過 |
| 106 | TBSA 企劃能力進階證照考試 | 19位通過 |
| 108 | TBSA 企劃能力進階證照考試 | 20位通過 |

---

11 張世忠：〈優秀教師與有效教學〉，《教學原理：統整、應用與設計》（台北：五南圖書出版公司，2015年9月），頁25-26。

## 輔導學生獲獎記錄

| 年度 | 參加競賽 | 成果 | 學生 |
|---|---|---|---|
| 105 | 2017第一梯次北大之星創新創業團隊甄選（國立台北大學創新創業中心主辦） | 第一名 | 陳韻如 |
| | 2017南應盃全國運動休閒活動企劃競賽（台南應用科技大學運動休閒與健康管理系主辦） | 大專組優勝 | 鄭伊婷、楊紫涵、謝玉軒、李德瑄、陳姿億 |
| | | 銀句賞一名 | 黃紫媛 |
| | | 優選賞一名 | 郭家瑜 |
| | 105年全國健康照護產品創意金句大賽（國立台北健康護理大學主辦） | 佳作賞四名 | 紀景云、曾楚儀、林侑璉、陳林暉、 |
| | 龍巖企劃案競賽（龍巖集團主辦） | 初選入圍 | 陳庭聿 |
| | 國語文競賽作品——美哉靜宜（靜宜大學中國文學系主辦） | 文案寫作第一名 | 黃姿菁 |
| 106 | 綠巨人獎創意競賽（中興大學管理學院磐石中心主辦） | 優選 | 邱華玉、蔡孟瑜 |
| | 106學年度國語文競賽「企劃書組」（靜宜大學中國文學系主辦） | 第一名 | 陳沛蓉 |
| | | 第二名 | 郭佳琪 |
| 107 | 107年「性騷擾防治宣導標語競賽」（彰化縣政府主辦） | 金獎（第一名） | 鐘宜庭 |
| | | 銅獎 | 林姿伶 |
| | | 銅獎 | 李洧瑄 |
| | | 名言佳句獎 | 廖仁豪 |
| | | 金玉良言獎 | 林敬家 |
| | | 金玉良言獎 | 施詠庭 |
| | jjnews 校園徵稿大賽（jjnews 跳跳新聞網主辦） | 金獎（第一名） | 廖珮芸 |
| | | 人氣獎 | 郭佳琪 |
| 108 | 2020線上常設展：扛壩子 X 的獻聲 The Core Character of X http://usr.moe.gov.tw/2020_exhibition/result.php | 最佳鼓舞獎四名 | 荊雁、黃可晴、許文秀、吳佳婕 |

| 年度 | 參加競賽 | 成果 | 學生 |
|---|---|---|---|
| 109 | 109（2）USR 學習歷程競賽<br><br>https://www.facebook.com/puyesido/ | 團體組第三名 | 蔡宜臻、蔡汶融、張喬雅、彭品茱、林亞臻、丁兆元 |
| | | 優選 | 李佳宜、丁巧屏、謝茹亭、陳郅暉、洪筱妍、楊佳瑩 |
| 110 | 110（1）靜宜大學 USR 學習歷程競賽 | 圖文創作個人組：優選 | 彭子庭 |

## （3）學生社群培力效益擴散

### A. 爬格子工作隊

　　靜宜大學中文系，自2009年起成立「爬格子工作隊」，進入台中「梧棲國小」落實專業服務學習制度。本團隊以學生自主式服務學習為主，讓靜宜大學中文系的同學們主導規劃，為不同年齡層學童安排適當課程。藉此計畫，讓教學活動與校外社會環境進行連結，也讓學童認識中文的奧妙與優美、提升學童對於中文閱讀及寫作方面的興趣。進而了解自身對文化傳承的使命，達到回饋家庭、學校、社會之責任感。藉此學生團隊達到適性傳承學校社區雙贏，營造出互助互惠、教學相長、資源共享的美好學習環境。

　　本人帶領系上「爬格子」團隊進入梧棲國小，進行服務學習，藉此培養大學生的口說與文學表達能力，也藉此教導國小學童書寫與閱讀，更因長期的合作與該校維持良好互動關係。自107學年度起，本人更主動接洽龍山、龍泉、鹿峰國小師長，將學生的服務學習擴增為四校。此舉使服務的學生人數，與接受服務的國小學童人數都增加，成效也更卓著。

### B. 增能派

109學年度本人帶領學生自組團隊「增能派」進入清水武鹿社區，協助長者，教導長者如何善用數位資訊。學生表示「增能派」命名靈感來自於「增能長者」。目標是促進長者的學習意願，使其能夠增加生活數位技能。像在製作派一樣，一層層堆疊，等到出爐時，將獲得如同美味派般的學習成果。成員組成為跨科系，由中文系、觀光系，及財金系同學共同組成。

本團隊為使長輩「活躍老化」及「健康老化」，針對台中清水武鹿社區舉辦各式增能工坊，工坊內容皆先跟地方長者進行討論溝通，提供其所需之內容。此過程不僅大學生能將所學所懂之知識技能教導長者，長者也能跟上時代步伐，與年輕人更加親近。課程有教導長者如何製作個人化文圖整合之問候圖卡及如何使用手機進行醫院掛號，查看公車班次與時間等。

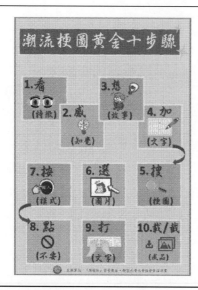

## 2　教師面

　　行動研究是教師共同合作一起審視自己的教學實務，共同提升教學成效，使教學實務與教育理念更為一致。秉持此信念，本人積極參與教師社群。除自行主持之教師社群外，亦參與校外「社會實踐與在地連結教師成長社群」與校內教師社群如：社會實踐與在地連結教師成長社群、寰宇外語教育雙語營隊教案研發社群、社區青銀共學——健康促進實作課程教案、地方創生實務問題探討、職職向前行——跨院系共創研發職涯課程教材教師群。希冀藉由社群力量讓教師們共同改善教學，提升教學成效。本人主持之教師社群成員由單一中國文學系教師逐漸擴散為跨系科、跨校教師共同討論，達到社群擴散效益。以下進行說明：

### （1）主持教師社群帶領教師共同創新教學

### A. 106學期「故事力培力社群」

　　成員：汪淑珍、陳敬介、呂素端、彭心怡、朱錦雄

　　「說故事」已經形成近來流行的趨勢，其影響力在今日遍及各個領域。學校也為此設計了相關課程，包括微學分課程、閱讀書寫課的生命故事書寫等等。這個社群，希望藉由老師對於故事力的研討，把故事力導入課程中，引導學生進行相關的故事書寫。

　　<u>本社群藉由討論激盪、專家演講、閱讀分享、經驗傳承，增進教師對於「故事力」的認識，並培養課堂上以說故事的方式，傳遞原本艱澀專業知識的能力。</u>

教師群討論故事力將如何運用

教師們針對故事力的教法進行討論

教師群觀看故事力相關資料

業師進行指導

討論故事力作品收錄情形

討論課程中可如何運用故事力

**實施成果：**

　　本社群教學方面完成故事力相關簡報124張。研究方面：投稿獲刊登發表共三篇：汪淑珍〈迎接《說故事》時代培養故事力〉（《全國新書資訊月刊》，第4期，頁26-29）。彭心怡〈灰姑娘哪裡人？──從唐朝筆記找線索〉（《新舊聞：從皇帝離婚到妓院指南，從海賊王到男王后，驚呆古今人們的22則大事件》，方寸文創出版社）。彭心怡〈歷史上第一批中國新娘〉（《新舊聞：從皇帝離婚到妓院指南，從海

賊王到男王后，驚呆古今人們的22則大事件》，方寸文創出版社）。此外，實務方面也完成師生創作作品集共45篇。

**活動反思檢討：**

此次社群施行過程發現，<u>具行銷力量的故事應導入商業行銷理念，下次有機會應邀請商學院教師共同加入社群，以利行銷故事的創作。</u>

### B.107學期「教學行動研究培力社群」

**成員：汪淑珍、陳敬介、邱培超、申惠豐、彭心怡**

人才是國家發展的基石，也是國家發展競爭力非常重要的因素，而學校正是培育人才的重要所在。因此，如何在學校培育社會所需的人才，是相當重要的一件事。

人才的培育，須倚賴有效的教學法，方能引起學生學習動機。但如何讓學生的學習是「有效」的。唯有教師透過執行課程過程，不斷進行修正，透過行動，努力解決問題，不斷反思課程安排、教學法與評量方式的恰當性、課程活動與核心能力的連結性。讓課程更具教學成效，甚至可提供教學模式給教育現場的其他教師們進行參酌，此則有賴教學的行動研究。

　　但許多教師對於「教學行動研究」相當陌生，也不明瞭操作方式。希望藉此社群，帶領社群老師了解教學「行動研究」的意義、執行步驟、檢核方式等。透過持續實踐與反省，而後修正並創新課程，使課程擁有新風貌。讓教育現場更加進步活絡，提升教學成效，也可讓老師將教育經驗轉化為研究能量。

本社群海報

教學行動研究專書舉例

社群召集人進行開場解說

教學行動研究專家劉世雄教授演講

針對成員之疑問進行雙向對話

成員認真聆聽演講

**實施成果：**

本社群帶領教師們認識「行動研究」。如何在課程的設計與實施過程中，找出一個起點為開端，這個起始點是可以在個人的實務中發展的，也是個人有意願投注心力去追求的。之後，透過對話、訪談及其他收集資料的方式，收集到相關資料，然後對收集的資料加以分析。分析的目的是使搜集來的資料意義化，意義的建構是需要透過分析過程的批判性檢核，每個分析步驟都需要被檢定。本社群教導教師們資料如何進行分析，在情境釐清之後，隨之得以產生的結果發展出行動策略，並將策略轉入實踐之中，使教學方法有所提升。老師們因此社群的成立互動，在學術研究面向上也試著開啟「教學行動研究」。

本社群產出教材簡報並創作相關論文三篇，其中二篇獲得發表刊登。汪淑珍（2018/5/9）〈微學分協同教學培養故事力之行動研究〉（宜蘭：宜蘭大學主辦，「2018高教深耕暨教學實踐研討會」）。汪淑珍（2017/6）〈教學實務之實踐以「創意企劃與簡報實作」課程為例〉（《德明學報》，第41卷1期，頁61-86。彭心怡〈教學行動研究——以〈勸和論〉為例〉）。

**活動反思檢討：**

行動研究的起點，乃是對於教學現狀期望有所改善，增進學生的學習成效。有些教師很想改善教學品質與效能，卻不知如何著手，行動研究正可提供良好的自我省思的方法。藉由此教師社群，大家對教學行動研究有了概念。希望期末能辦執行成果分享，了解其他社群的運作方式與成果展現。以便激發老師更多的想法。

### C. 107學期「同儕觀課教學精進社群」

成員：汪淑珍、朱錦雄、彭心怡、陳敬介

教師教學方式須因應時代的變遷，有所改變進行轉型以創造良好教學成效。畢竟教育中的「教」與「學」方式亦須應時而變。讓「教」與「學」擁有良性互動關係。若學生樂於主動學習，將在學習歷程和學習表現上，產生良好效果，提升學習效能。教師必須進行教學省思，如此在改善學生學習品質、教師教學專業成長上將有所幫助。

觀課是為了幫助任課教師了解學生學習的情形，教師們進場觀課，藉由課堂的觀察，了解教學如何發揮成效。本社群希望藉由觀課的方式，讓教師們互相觀摩課

程進行方式，了解教學策略，進而提出建議與改善，使教師能更清楚自己教學上之盲點。藉由教學實務，詮釋學生表現的意義，進而反饋到教學目標與其教學活動所產生的效應，是否符合課程設計者之期待。畢竟教學也需要與他人互動、分享和討論，並從中了解問題，以進行改善，本社群將藉由成員分享，對話，討論與省思，對自己經常使用的教學模式進行檢視作用，使教學更能發揮成效。

針對本課程交換觀課心得

老師將觀課心得記錄於紀錄表中

相互傳閱觀課記錄表

培超老師分享自己對於觀課之想法

教師們與學生們共同聆聽業師講述兒童文學發展歷史

彭欣怡老師將觀課心得記錄於記錄表中

**實施成果：**

　　<u>教學，需要與他人互動、分享和討論，並從中了解問題，以進行改善，</u>本社群藉由成員分享，對話，討論與省思，對自己經常使用的教學模式進行檢視作用，使教學更能發揮成效。<u>本社群利用觀察法，希望教師們能藉此了解在教學上的優點與缺失，進而提出修正，以利增加學生課堂參與度。</u>

　　本社群以教師社群的形式，彼此激發創意，分享教學情況、彼此激勵，也邀請業師協助授課，教師們也針對業師的授課方式進行觀察、討論，藉此希冀對教學方法有所提升。在研究上也將有所進步。

　　<u>本社群採取參與式觀察，了解學生在課堂中的互動與各種教學實務中所發生的現象。</u>教師並請教學助理在教師進行教學同時，以觀察記錄表記錄課堂所發生的各種狀況。實施過程包括教學觀察前會談（備課）、教學觀察記錄表（觀課）、教學觀察後回饋會談（議課）。此次施作，充分落實教學團隊的概念，數位老師一起討論教學流程，課程設計理念，彼此互相支援，共同尋找教學的盲點，提高教學品質。「反思的目的在培養老師愈來愈能在教學現場，教學行動的『同步』敏銳覺察，立即反身性，反身性指彷彿下一秒我移位回頭，看見教學歷程前一秒的自己。……反思愈來愈能轉化成後續實質的教學實踐。」[12]觀課教學社群於觀課後即刻進行檢討，<u>藉由社群的討論、分享，能提升教師設計課程講義的能力、引導能力及班級經營的能力。</u>

　　<u>效益產出為本社群產出課程教材簡報及觀課的系列紀錄表</u>，觀課流程模組。本教師社群以經驗學習的民主式對話過程，反思經驗，以行動研究方法，整理教育的實踐。安排教師擔任旁觀者進行觀課，良好的溝通很重要，合作之前要先溝通，向其他老師說明此計畫的起始點，以及一些將獲得的體會，接著討論觀課過程，如何觀察老師與學生的互動情形。<u>看課程如何設計、教導，這過程教師其實已在實施教育改革了！</u>

　　<u>本社群原規劃三次觀課，實際執行了四次觀課，不僅觀校內教師的授課方式也觀業師的授課方式，如此更可加以比較教法如何較具成效。</u>

**活動反思檢討：**

　　本次社群實施過程，<u>本希望社群的老師們皆可開放各自課程，讓社群內的老師</u>

---

12 王開府、陳麗桂：〈解構現行課文教學的呼籲與實踐〉，《國文作文教學的理論與實務》（台北：心理出版社，2006年1月），頁9。

們彼此觀摩，但老師們對此接受度不高，所以只能開放召集人及業師的課程讓老師們觀察。日後，希望更多老師可以開放課程讓大家一起觀課，共同找出教學的盲點，以利提升教學成效。

### D. 108學期「跨校教學精進培力社群」

成員：汪淑珍（靜宜中國文學系）、陳敬介（靜宜中國文學系）、廖啓旭（靜宜大學管理學院）、翁敏修（雲林科技大學漢語研究所）、王世豪（國立台灣師範大學國文學系）、黃東陽（國立中興大學中國文學系）

課程如何活化使教學更為精進。身為大學教師也需了解不同學校、不同教師的教法及教學策略。透過此社群希望能了解其他學校教師的教法，以促進教學精進。

本社群以教師社群的形式，彼此激發創意，分享教學情況、彼此激勵，也邀請社群成員示範授課，教師們也將針對教師的授課方式進行觀察、討論，藉此希冀對教學方法有所提升。在研究上也將有所進步。

老師們提出建議

主持人說明社群運作方式

汪淑珍老師介紹王世豪老師

老師以實例介紹出版與行銷

| 老師舉個人實例進行說明 | 說明教學現場遇到的問題 |
| --- | --- |

**實施成果：**

本社群效益產出在教學方面有教材、教案……等產出。質化部分，教師們彼此皆有收穫，並將此收穫轉化為教學與研究的能量。計畫主持人邀請王世豪老師共同參與「兒童文學概論」（108-1學期）磨課師教學影片之製作，並於2019年9月開課。網址為 https://sharecourse.pu.edu.tw/sharecourse/course/view/courseInfo/202

研究方面有論文發表：〈「視覺閱讀力」微學分課程之教學實踐〉（《藝見學刊》，第18期，頁45-53）。以及計畫申請通過——汪淑珍與廖啓旭老師以〈多元場域學習成效分析——以「文化創意與實作」課程為例〉申請到教育部教學實踐研究計畫（2019/8/1-2020/7/31）。

| 量化 | 質化 |
| --- | --- |
| 五次的課程討論<br>一門磨課師課程製作完成<br>一篇論文<br>一件教育部案件申請通過 | 教師們彼此皆有收穫，並將此收穫轉化為教學與研究的能量。 |

**活動反思檢討：**

面對新時代的學生，教師的專業知識該以何種方式教導給學生，且讓學生對於學習感興趣，這是位於教學現場的教師不容漠視的課題。「在一個社群中，與其他學習者共同分享一科目的知識，問題，技能學習進度及熱情，正是成人在工作和專業職場中的學習方法。」[13]本社群結合不同學校教師共同討論、觀摩、溝通，成效良好，惟因老師們都非常忙碌，時間的安排著實需費不少功夫，此外網路的運用能

---

13 同註7，頁56。

發揮極大功效，社群成員藉著 LINE 群組進行討論、溝通與協調，甚至經驗、作品分享。效果相當良好。教師們的社群須長時間、有體系的規劃與經營，如此老師才有能力將其改變導入課室，讓學生學得較完整的知識。老師們也更可進行學術回饋。

### E. 110學期「文學×數位教案規劃社群」

成員：汪淑珍（中國文學系）、楊孟蒨（資訊傳播系）、顏炘怡（國企系）、徐雁（國際學院）、廖啓旭（管理學院）、邱培超（中國文學系）

專業分工日趨精細發展的結果，導致科技與人文日趨分離，如何嫁接起二大領域的專長，產生技術思維與人文思維的對話，使人文的價值、意義藉數位資訊快速展現。甚而開發相關的課程與教法，以回應數位時代學生的實際需求。本社群目標為利用教師社群的協作、溝通，融合數位科技與人文科學，共同開發數位人文相關教材，協力改善教學，亦符合校務發展方向之「資訊力」、「敘事力」。

本社群將討論如何讓人文課程與資訊領域技術進行結合。如 DocuSky 作為文學資料整理建檔、研究分析的工具，連結文學專業性課程，進而引導學生運用專業知識進行資料的整理、建立、分析、研究的創新方式及技能。藉此社群可讓不同專業之教師共同研發出符合新時代需求的數位人文教案，進而落實為實體課程，以培養未來時代需要的人文、數位兼具之人才。本社群將盤點老師們之專長而後進行媒合，期共同開發出創新數位人文教材與課程。

| 專業研習：介紹詞頻及其使用方式 | 專業研習：分析實際案例：孔門策展任務 |

| | |
|---|---|
|  | |
| 例行會議：介紹「數位人文創新人才培育計畫」及「諮詢會議」之作用 | 專業研習：舉詩畫互文的範例，用以展示眼動儀所呈現的觀看順序及數位分析 |
|  |  |
| 專業研習：以王維輞川圖為例，分析運用眼動儀所測試出的環繞曲線圖 | 例行會議：分享「中華開放教育平台」之網站 |

**實施成果：**

　　本次社群集結不同科系教師共同學習，<u>使大家對數位人文更有概念，也發展出一門創新數位人文課程及相關教案規劃</u>，並發表一篇數位人文相關之會議論文：楊孟蒨、汪淑珍（2021/12/16-2021/12/17）。〈運用 TPACK model 來設計與開發大學 USR 教育的數位人文課程〉（教育部主辦，國際大數據數位人文產學前沿應用教學研討會〔WEDHIA 2021〕）。

**活動反思檢討：**

數位人文結合是時代趨勢，然不同領域教師合作需要更多時間進行溝通與討論。在本社群執行期間，本人已經與楊孟蒨老師合作一門數位人文課程，在中文系開設之「文學聚落與社群」課程中導入數位資訊的運用，使中文系的學生有機會對資訊更加認識，進而能使用資訊發展其既有之中文能力。也期待更多數位人文課程的開設，培養更多新時代數位人文之人才。

## （2）連結各系教師合開微學分

本人與廖啓旭老師（管理學院）、徐雁老師（國際學院寰宇外語教育學士學位學程）合開微學分課程「人文創新×設計時尚」（109-2）透過三位背景迥異但互補的教師，把場域需求的解決方案作為課程主題進行規劃。

運用設計思考的技巧，帶領學生探索成衣業者之困境，進行鹿寮場域踏查，發掘在地特色，從人、文、地、產、景中，加深對地方的了解，完成個人文案；並以此為基礎，將文字進行轉譯，完成創新服裝圖式設計，協助成衣產業再現昔日榮景。本課程主軸為培養學生設計思考之思維及運用能力。特色為跨域整合、實務演練、培養大學生愛鄉之情懷，此亦符合學校推廣設計思考之理念──109學年度「服務學習」課程更名為「設計思考與實踐」，2021年並納入通識「跨域與設計」向度中，為1學分、2鐘點之通識涵養課程。

以「設計思考」的精神作為課程設計的核心，以問題導向的方式進行知識傳授的架構，落實「做中學」、「體驗學習」之教學理念。在課程規劃上，不僅教師知識跨領域，同學在分組時也必須進行跨領域分組與合作。在實作上，運用設計思考流程，以不同方式引導迭代設計，讓學生有機會反思甚至精進。執行上分為三階段：課前先備知識、課中學習，以及課後評量；第一階段強調自主學習，第二階段以專業教學加上跨域學習共同完成原型製作，第三階段則是學習評量與收整檢討。

## 本課程執行之成效

| 質化 | 量化 |
|---|---|
| 1 文圖整合之能力 | 1 文圖整合之圖式48款 |
| 2 建構設計思考理論基礎 | 2 課程模組教材一式 |
| 3 熟悉設計思考之流程步驟 | 3 課程執行過程活動影片一支 |
| 4 增加學生量能 | 4 創新課程評量機制 |
| 5 產業連結 | 5 課程執行成果手冊一本 |
| 6 提升學生對社區及產業的認同感並理解其困境 | 6 完成課程助理培訓 |

三師合作共授課程：

學生作品產出：

三師上課情形：

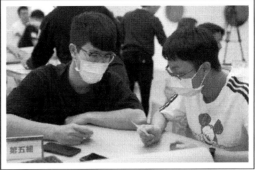

## 3　學校面：建立學校與場域的友善關係

　　本人除教學積極創新並時時關注大環境的變化，以進行課程的調整，縮短學生學用落差，也積極連結學校與場域建立友善關係，無論是地方或他校。俾使外源亦能導入校內，師生皆能受益。

　　在課程規劃中，除專業知識傳輸外，更不斷尋求與各界合作契機。使學生在與社會實際合作過程中，了解如何運用所學知識，並感受為社會貢獻之榮耀。也藉此建立學校與外界之友好關係、互利共好。

| 開設課程 | 連結產業／場域 |
|---|---|
| 文案寫作 | 地方產業與協會[14] |
| 創意企劃與簡報實作 | 七個社企單位[15] |
| 文化創意與實務、文案寫作 | 清水區武鹿社區發展協會 |
| 故事行銷寫作 | 清水區武鹿社區發展協會、台中清水眷村文化園區 |
| 故事力寫作 | 南投竹生活文化促進協會 |
| 特色服務學習──中文力服務 | 四間國民小學[16] |

---

14 味榮食品、竹生活文化協會、小林煎餅、木匠兄妹工坊。

15 社團法人台中市智障者家長協會、社團法人原住民深耕德瑪汶協會、社團法人彰化縣愛加倍社區服務協會、彰化縣埔鹽鄉大有社區發展協會、社團法人南投縣新南投婦女之友會、社團法人南投縣基督教青年會、南投縣竹山鎮竹生活文化協會。

16 台中梧棲國小、鹿峰國小、龍山國小、龍泉國小。

# 參考文獻

## 中文部分

### 一 專書

黃光雄、蔡清田：《課程設計：理論與實際》（台北：五南圖書出版公司，1990年3月）。

黃光雄、簡茂發：《教育研究法》（台北：師大書苑出版社，1991年）。

黃光雄：《教學原理》（台北：師大書苑出版社，1991年）。

Herbert Altrichter, Peter Posch, Bridget Someth 著；夏林清等譯：《行動研究方法導論：教師動手做研究》（台北：遠流出版社，1997年9月）。

陳惠邦：《教育行動研究》（台北：師大書苑出版社，1998年）。

Marjorie J. Wynn 著；呂金燮譯：《創意教學策略》（台北：洪葉文化出版社，1998年10月）。

中華文化復興運動總會青年社區成長委員會，青年社區成長基金會編著：《閱讀社區：台灣24個社區營造故事》（台北：文化總會清社會出版社，1998年11月）。

歐用生：《新世紀的學校》（台北：台灣書店，1999年）。

伊塔羅·卡爾維諾著；吳潛誠譯：《給下一輪太平盛世的備忘錄》（台北：時報文化出版公司，2000年3月）。

蔡清田：《教育行動研究》（台北：五南圖書出版公司，2000年4月）。

吳明隆：《教育行動研究導論：理論與實務》（台北：五南圖書出版公司，2001年）。

Jean McNiff, Pamela Lomax, Jack Whitehead 原著；吳美枝、何禮恩譯：《行動研究：生活實踐家的研究錦囊》（台北：五南圖書出版公司，2001年3月）。

陳惠邦、李麗霞：《行行重行行：協同行動研究》（台北：師大書苑出版社，2002年10月）。

夏婉雲：《大冠鷲的呼喚：體驗學習的田園小學》（台北：富春文化圖書出版公司，2002年）

Geoffrey E. Mills 原著；蔡美華譯：《行動研究法》（台北：學富文化出版社，2003年）。

二木紘三著；李于青譯：《學習也有技巧：建立有效學習模式‧培養個人知識優勢》（台北：博誌文化出版社，2003年5月）。

黃光雄、楊龍立：《課程發展與設計：理念與實作》（台北：師大書苑出版社，2004年）。

Jean McNiff, Jack Whitehead 著；朱仲謀譯：《行動研究：原理與實作》（台北：五南圖書出版公司，2004年）。

邁可‧博藍尼（Michael Polanyi）著；許澤民譯：《個人知識：邁向後批判哲學》（台北：商周出版社，2004年）。

蔡清田：《課程發展行動研究》（台北：五南圖書出版公司，2004年）。

張高評：《第二屆國文科教學研討會論文集》（台北：萬卷樓出版公司，2004年2月）。

張新仁：《學習與教學新趨勢》（台北：心理出版社，2004年3月）。

James McKernan 著；蔡清田等譯：《課程行動研究：反思實務工作者的方法與資源手冊》（高雄：麗文文化事業公司，2004年10月）。

菲利浦‧科特勒（Philip Kotler）著；張振明譯，《行銷是什麼？》（台北：商周出版社，2005年）。

葉乃嘉：《知識管理：實務，專題與案例》（台北：新文京出版社，2005年8月）。

王開府、陳麗桂：《國文作文教學的理論與實務》（台北：心理出版社，2006年1月）。

野中郁次郎、勝見明著；李贏凱、洪平河譯：《創新的本質》（台北：高寶國際出版社，2006年6月）。

路冬梅主編：《新課程語文教學法》（開封：河南大學出版社，2006年6月）。

鄭增財：《行動研究原理與實務》（台北：五南出版社，2006年6月）。

曾旭正：《台灣的社區營造》（台北：遠足文化出版社，2007年1月）。

張高評主編：《文學數位製作與教學》（台北：五南圖書出版公司，2007年1月）。

Daniel H. Pink 著；查修傑譯：《未來在等待的人才》（台北：大塊文化出版社，2007年2月）。

顏吉利：《社會科學實證方法：附經濟學說明實例》（台中：華泰文化公司，2007年6月）。

葉乃嘉：《個人知識管理的第一本書》（台北：文魁資訊公司，2007年6月）。

John L. Brown 著；賴麗珍譯：《善用重理解的課程設計法》（新北：心理出版社，2008年9月）。

德瑞克・柏克（Derek Bok）著；張善楠譯：《大學教了沒？哈佛校長提出的8門課》（台北：天下文化出版社，2008年）。

約瑟夫・派恩、詹姆斯・吉爾摩著；夏業良、魯煒譯：《體驗經濟時代》（台北：經濟新潮社，2008年1月）。

Maria Piantanida, Noreen B. Garman 著；郭俊偉譯：《質性研究論文撰寫：一本適用於學習者與教學者的入門書》（台北：五南圖書出版公司，2008年1月）。

Amia Lieblich, Rivka Tuval-Mashiach, Tamar Zilber 原著；吳芝儀譯：《敘事研究：閱讀・分析與詮釋》（嘉義：濤石文化出版社，2008年3月）。

Geoffrey E. Mills 著；蔡美華譯：《行動研究法：教師研究者的指引》（台北：學富文化出版社，2008年5月）。

王珩等：《國語文教學理論與應用》（台北：洪葉文化出版社，2008年6月）。

林璧玉：《創造性的場域寫作教學》（台北：秀威資訊科技公司，2009年）。

皮耶・布赫迪厄（Pierre Bourdieu）著；宋偉航譯：《實作理論綱要》（台北：麥田出版社，2009年3月）。

Deborah A. Sugerman 等著；謝智謀、吳崇旗、王怡婷譯：《反思學習：理論與實務》（桃園：台灣外展教育基金會，2009年8月）。

洪中夫：《玩出反思力：101個活化教學的動態反思技巧》（台北：校園書房，2010年）。

洪碧霞等：《呼應能力指標的教學與評量設計》（台北：心理出版社，2010年1月）。

東尼・華格納（Tony Wagner）著；宋偉航譯：《教出競爭力》（台北：方言文化出版社，2012年）。

柏尼・崔林（Bernie Trilling）、查爾斯・費德（Charles Fadel）著；劉曉樺譯：《教育大未來：我們需要的關鍵能力》（台北：如果出版社，2012年1月）。

約瑟夫・派恩（B. Joseph Pine II）、詹姆斯・吉爾摩（James H. Gilmore）著；夏業良、魯煒、江麗美譯：《體驗經濟時代（10週年修訂版）：人們正在追尋更多意義，更多感受》（台北：經濟新潮社出版，2013年）。

陳郁秀、林會承、方瓊瑤：《文創大觀・1・台灣文創的第一堂課》（台北：先覺出版社，2013年7月）。

基律科技智財有限公司編：《公有文化創意資產衍生素材加值應用宣導手冊》（台北：文化部，2014年2月）。

泰勒‧柯文著；慧芳譯：《再見，平庸世代：你在未來經濟裡的位子》（台北：早安財經文化公司，2015年2月）。

張世忠：《教學原理：統整、應用與設計》（台北：五南圖書出版公司，2015年9月）。

諾丘‧歐丁（Nuccio Ordine）著；郭亮廷譯：《無用之用：醞釀之必要，徒然之必要，歡迎來到無用時代》（台北：漫遊者文化出版社，2015年11月）。

陳幼慧主編：《教學是一種志業：教學行動研究案例分析》（台北：政大出版社，2015年12月）。

黃光雄、蔡清田：《課程發展與設計新論》（台北：五南圖書出版公司，2016年）。

蔡清田：《50則非知不可的課程學概念》（台北：五南圖書出版公司，2016年1月）。

東尼‧華格納（Tony Wagner）著；宋偉航譯：《哈佛大學這樣教出孩子競爭力：未來人才一定要具備的7大生存能力》（新北：方言文化出版社，2016年4月）。

蘇麗媚口述；盧智芳採訪整理：《創意，然後呢？蘇麗媚對於創意‧創值‧創業的28道思考》（台北：天下雜誌出版社，2016年7月）。

黃夏成：《自學時代：找回學習的動機與主權，成為自己和孩子的最佳教練》（台北：圓神出版社，2016年8月）。

瑪歌‧萊特曼（Margot Leitman）著；黃非紅譯：《講故事是一種真誠的表演》（新北：木馬文化出版，2016年10月）。

程湘如：《把土裡土氣變揚眉吐氣：一鄉一特色，地方產業文創與商品文設計密碼》（台北：時報文化出版公司，2016年10月）。

呂秀蓮：《課綱使用的理論與實例》（新北：大衛營文化出版社，2017年）。

親子天下編輯部：《設計思考設計思考：從教育開始的破框思維》（台北：親子天下出版社，2017年）。

牟起龍著；鄒宜姮、謝麗玲譯：《人文學，翻轉企業未來》（台北：本事出版社，2017年）。

克雷頓‧克里斯汀森（Clayton Christensen）著；洪慧芳譯：《創新的用途理論》（台北：天下雜誌出版社，2017年）。

羅振宇：《我懂你的知識焦慮》（台北：遠見天下文化出版社，2017年4月）。

蔡淇華：《學習，玩真的》（台北：時報文化出版社，2017年4月）。

約翰・杜威（John Dewey）著；章瑋譯：《我們如何思考：杜威論邏輯思維》（台北：商周出版社，2017年6月）。

Jeff C. Marshall 著；賴光真等譯：《效能教師的七個成功訣竅》（台北：五南圖書出版公司，2017年10月）。

喬許・柏納夫（Josh Bernoff）著；林麗雪譯：《少說廢話：36秒就讓人買單的精準文案》（台北：三采文化出版社，2017年11月）。

游適宏等著：《走進跨領域和自主學習的通識課》（台北：五南圖書出版公司，2017年11月）。

劉世雄：《教學實務研究與教研論文寫作》（台北：五南出版社，2017年12月）。

珍妮佛・佛萊明（Jennifer Fleming）著；王直上譯：《關鍵行銷：消費心理學大師的10大黃金行銷課》（台北：遠流出版社，2018年）。

國語文教學中心主編：《閱讀書寫・建構反思 II》（台中：逢甲大學國語文教學中心，2018年1月）。

嘉比・克呂克-托佛羅（Gaby Crucq-Toffolo）、桑妮・克尼特爾（Sanne Knitel）著；劉名揚譯：《概念思考模式：如何創造有意義的消費行動？》（台北：本事出版社，2018年1月）。

張宏裕：《會說故事的巧實力！感性與溫度，致勝說服的36個影響力》（台北：時報文化出版公司，2018年3月）。

劉舜仁：《大象跳舞：從設計思考到創意官僚》（台北：白鷺鷥基金會，2018年4月）。

舒明月：《大師們的寫作課：好文筆是你最強的競爭力》（台北：先覺出版社，2018年4月）。

洪震宇：《精準寫作：寫作力就是思考力！精鍊思考的20堂課，專題報告、簡報資料、企劃、文案都能精準表達》（台北：漫遊者文化出版，2018年4月）。

周品均：《品牌 X 新創：周品均的創新態度與思維》（台北：布克文化出版社，2018年5月）。

沼田憲男著；李貞慧譯：《寫出有溫度的文章》（台北：大是文化出版社，2018年7月）。

安達元一著；林雯譯：《點子變現術》（新北市：光現出版社，2018年8月）。

岩佐十良著；鄭舜瓏譯：《地方創生 X 設計思考「里山十帖」實戰篇》（台北：中衛發展中心，2018年8月）。

湯姆・尼可斯（Tom Nichols）著；鄭煥昇譯：《專業之死：為何反知識成為社會主流，我們又該如何應對由此而生的危機？》（台北市：臉譜城邦文化出版，2018年8月）。

亞當・費里爾（Adam Ferrier）、珍妮佛・佛萊明（Jennifer Fleming）著；王直上譯：《關鍵行銷：消費心理大師10大黃金行銷課》（台北：遠流出版社，2018年8月）。

許育健：《屋頂上的貓：素養導向國語文評量設計實務》（台北：幼獅文化出版社，2018年9月）。

永井孝尚著；李韻柔譯：《在 AI 時代勝出：行銷自己的祕密》（台北：先覺出版社，2018年10月）。

榮・理查特（Ron Ritchhart）、馬克・邱奇（Mark Church）、凱琳・莫莉森（Karin Morrison）著；伍晴文譯著：〈將思考置於教育界中心〉，《讓思考變得可見》（新北：大家出版社，2019年）。

張新仁等：《學習與教學新趨勢》（台北：心理出版公司，2019年1月）。

蕭瑞麟：《服務隨創：少力設計的邏輯思維》（台北：五南圖書出版公司，2019年2月）。

蔡淇華：《寫作吧！你值得被看見》（台北：時報文化出版公司，2019年3月）。

喬治・安德斯（George Anders）著；李宛蓉譯：《人文學科的逆襲》（台北：時報文化出版公司，2019年3月）。

黃國珍：《閱讀素養：黃國珍的閱讀理解課，從訊息到意義，帶你讀出深度思考力》（台北市：親子天下出版社，2019年3月）。

楊曉菁：《微書寫時代的邏輯、思辨與作文力》（台北：精誠資訊，2019年4月）。

許榮哲：《99%有效的故事行銷，創造品牌力》（台北：遠流出版社，2019年4月）。

吳兆田：《引導反思的第一本書》（台北：五南圖書出版公司，2019年6月）。

榮・理查特（Ron Ritchhart）、馬克・邱奇（Mark Church）、凱琳・莫莉森（Karin Morrison）著；伍晴文譯：《讓思考變得可見》（新北：大家出版社，2019年6月）。

蔡傑（Esther K. Choy）著；葉婉智譯：《如何在 Line、臉書讓你的故事變現：上12堂商學院不教的行銷科學！》（新北：大樂文化出版社，2019年7月）。

黃俊儒：《你想當什麼樣的老師？從科學傳播到經營教研》（新竹：交通大學出版社，2020年06月）。

黃國珍：《探究式閱讀：黃國珍的閱讀進階課》（台北：親子天下出版社，2020年9月）。

劉世雄：《素養導向的教學理論與實務：教材分析、教學與評量設計》（台北：五南圖書出版公司，2021年8月）。

二　期刊論文

陳蕙君：〈運用社區資源，充實學習內容〉，《資優教育》第67期（1998年），頁28-31。

李錫津：〈從體驗中有效學習〉，《教師天地》，127期（2003年），頁4-5。

吳清山：〈體驗學習的理念與策略〉，《教師天地》，127期（2003年），頁14-22。

潘世尊：〈行動研究的性質與未來——質、量或其它〉，《屏東師院學報》第20期（2004年8月），頁181-216。

鄭明松、王世澤：〈體驗行銷——創造體驗與體驗價值的時代〉，《卓越雜誌》，第236期（2004年），頁168-170。

王瑞壎：〈教學實習課程中教學實際突破與省思之行動研究〉，《國立嘉義大學國民教育研究所國民教育研究學報》第16期（2006年），頁1-24。

王全興：〈體驗學習的理念及其在教育情境的應用〉，《台灣教育》，第640期（2006年），頁32-36。

王全興：〈杜威體驗學習的理念及其在道德教育上的應用〉，《國教新知》，第54期（2007年），頁74-82。

陳正益：〈走出學術研究的象牙塔——論行動研究在社會工作領域的運用〉，《社區發展季刊》第117期（2007年8月），頁143-162。

徐綺穗：〈從 Grossman 的反思層次來分析學生的行動反思內涵〉，《教育學誌》第25期（2011年），頁29-53。

蔡清田：〈行動研究的理論與實踐〉，《飛訊》第118期（2011年1月），頁4-5。

蕭建華、張俊彥：〈介入自我效能對不同性別學生「自我學習評估」與「學習成效」之影響——以高一地球科學為例〉，《科學教育月刊》第352期（2012年），頁29。

徐綺穗：〈行動——反思」教學及其在大學教育實習課程的應用〉，《課程與教學季刊》第16期（2013年），頁219-254。

康以琳、張瑋琦：〈人與食物的距離——鄉村小學食農教育課程發展之行動研究〉，《教育實踐與研究》第29卷第1期（2016年6月），頁1-34。

梁繼權：〈反思在醫學教育的應用〉，《台灣家庭醫學雜誌》第25卷3期（2015年9月），頁165-173。

呂秀蓮：〈十二年國教107課綱核心素養的評量〉，《台灣教育評論月刊》第6卷第3期（2017年），頁1-6。

潘世尊：〈論行動研究論文審查上的一些問題〉，《當代教育研究》第19卷第4期（2011年12月），頁41-83。

張慧嫻、葉人菘：〈以阿德勒自卑理論觀點探究《霍爾的移動城堡》中的霍爾〉，《諮商與輔導》第388期（2018年4月），頁17。

汪淑珍、廖啓旭：〈文化創意與實務課程」連結社會創新教學之實踐〉，《服務學習與社會連結學刊》，第4期（2021年4月），頁89-97。

汪淑珍：〈兒童文學概論創新教學模式實踐研究〉，《藝見學刊》，第22期，頁61-71。

## 三　博碩士論文

方祥明：《團隊成員個人知識轉換能力與外部關係資源對創造表現行為之影響：以網絡中心性為中介變數》（雲林：博士論文──雲林科技大學管理研究所，2004年）。

許琦珮：《運用體驗學習於國小一年級學生口語表達教學之行動研究》（台北：台北教育大學，碩士論文，2021年6月）。

# 外文部分

## 一　專書

Collingwood, R. (1939). An autobiography. Oxford: Oxford University Press.

Cohen, L., & Manion, L. (1985). Research methods in education. London: Croom & Helm.

Carr, W., & Kermis, S. (1986). Becoming critical: Knowing through action research. London: Falmer.

Florio-Ruane, S. (1989). Social organization of classes and schools. In M. C. Reynolds (ed.).

Elliott, J. (1991). Action research for educational change. Philadelphia: Open University Press.

Al richer, H., Poach, P., & Somesh, B. (1993). Teachers investigate their work: An introduce-tion to the methods of action research. London & New York: Routledge.

Brown, T. & Jones, L. (2001). Action research and postmodernism: congruence and critique. Philadelphia: Open University Press.

二　期刊論文

Green, M. C., Brock, T. C. (2000). The role of transportation in the persuasiveness of public narratives. *Journal of Personality and Social Psychology*, 79(5), 701-721.

Jay, Paul. (2014), The Humanities "Crisis" and the Future of Literary Studies. New York: Palgrave Macmillan. 13.

Granata, G., Scozzese, G. (2019). The Actions of e-Branding and Content Marketing to Improve Consumer Relationships. *European Scientific Journal*, 15(1), 58-72.

通識教育叢書 0200001

# 以體驗學習反思觀點重塑中文系實務課程之教學行動研究

作　　者　汪淑珍
責任編輯　官欣安
特約校稿　林秋芬

發 行 人　林慶彰
總 經 理　梁錦興
總 編 輯　張晏瑞
編 輯 所　萬卷樓圖書股份有限公司
　　　　　地址　臺北市羅斯福路二段 41 號 6
　　　　　樓之 3
　　　　　電話　(02)23216565
　　　　　傳真　(02)23218698

發　　行　萬卷樓圖書股份有限公司
　　　　　地址　臺北市羅斯福路二段 41 號 6
　　　　　樓之 3
　　　　　電話　(02)23216565
　　　　　傳真　(02)23218698
　　　　　電郵　SERVICE@WANJUAN.COM.TW
香港經銷　香港聯合書刊物流有限公司
　　　　　電話　(852)21502100
　　　　　傳真　(852)23560735

ISBN　978-986-478-607-7
2022 年 3 月初版
定價：新臺幣 420 元

如何購買本書：
1. 劃撥購書，請透過以下郵政劃撥帳號：
　　帳號：15624015
　　戶名：萬卷樓圖書股份有限公司
2. 轉帳購書，請透過以下帳戶
　　合作金庫銀行　古亭分行
　　戶名：萬卷樓圖書股份有限公司
　　帳號：0877717092596
3. 網路購書，請透過萬卷樓網站
　　網址　WWW.WANJUAN.COM.TW
大量購書，請直接聯繫我們，將有專人為您
服務。客服：(02)23216565 分機 610

如有缺頁、破損或裝訂錯誤，請寄回更換

國家圖書館出版品預行編目資料

以體驗學習反思觀點重塑中文系實務課程
之教學行動研究/汪淑珍著. -- 初版. -- 臺北
市：萬卷樓圖書股份有限公司,2022.03
　　面；　公分. -- (通識教育叢書 ；200001)
ISBN 978-986-478-607-7(平裝)
1.CST: 教學策略　2.CST: 教學設計　3.CST:
學習評量
521.　　　　　　　　　　　111001224